오늘부터
딱 90일만
영어 베이비

미국 아기처럼 영어를 습득하는
<따라 말하기>의 기적

오늘부터 딱 90일만 영어 베이비

| 양선호 지음

• 목차 •

프롤로그 | 2개월 만에 되찾은 영어 자존감 6

1장 | 따라 말하기를 권하는 이유? 쉬우니까

진화적 관점에서 인간에게 최적화된 영어 공부법 16
미국 아기들도 따라 말하기로 영어를 배운다 21
따라 말하기는 영어 뇌를 만들어준다 26
따라 말하기는 소리 학습의 원리를 따른다 32
따라 말하기보다 쉬운 영어 공부법은 없다 36

2장 | 따라 말하기의 효과를 높이는 6원칙

세 달 안에 성과를 만드는 6원칙 44
원칙 1. 통문장 : 공부의 기본 단위 47
원칙 2. 패턴 : 다양한 표현을 만드는 말 공장 52
원칙 3. 한국어 설명 : 영어 문장을 듣기 전에 반드시 한국어 설명부터 56
원칙 4. 상황 몰입 : 헛공부를 하지 않으려면 59
원칙 5. 큰 소리 : 영어 체득의 핵심 61
원칙 6. 반복 : 놀라운 체험을 안겨주는 핵심스킬 65

3장 | 6원칙을 적용한 따라 말하기 공부법

6원칙을 적용하여 실제로 따라 말하기를 해보자 72
따라 말하기 최종 정리 81
귀가 아니라 머리를 뚫어야 들린다 87
한국 사람들을 위한 원포인트 발음 교정 93
정말 세 달이면 될까? 99
의심이 들 때 104

4장 | 교재 선택부터 실전 회화까지, 전 과정 액션플랜

STEP 1. 실력에 맞는 교재 선택하기 110
STEP 2. 구체적인 실행계획 세우기 115
STEP 3. 반복 계획 세우기 122
STEP 4. 6원칙 따라 말하기 실행하기 127
STEP 5. 당일 복습으로 실력 끌어올리기 130
STEP 6. 전체 복습으로 장기기억 전환시키기 133
STEP 7. 변화를 몸으로 만끽하기 136
STEP 8. 혼자 말하기로 표현 연습하기 140
STEP 9. 실전 회화 연습하기 150
STEP 10. 해외여행으로 단기 어학연수 떠나기 167

5장 | 이 글을 읽으면 영어를 공부하고 싶어서 못 배길걸!

영어를 알기 전의 나와 알고 난 후의 나는 달라도 너무 달랐다 174
영어가 정말 쉽다는 증거 178
더 어렵다는 우리말도 잘 배우는데 영어를 왜 못 배워? 182
영어는 쉬운데 공부법이 어려워 186
틀리면 어때! 미국 대통령도 틀리는데 190

6장 | 영어에 대한 오해가 사람 잡네 : 영포자의 필독을 권함

나는 머리가 나빠서 안 돼 200
영어는 어릴 때나 배우는 거지, 나이 들어서 무슨 수로 배워? 203
미드와 외화가 최고의 교재라고? 209
학원/어학연수 가면 저절로 되겠지 216
인공지능이 있는데 영어공부를 왜 해야 돼? 223

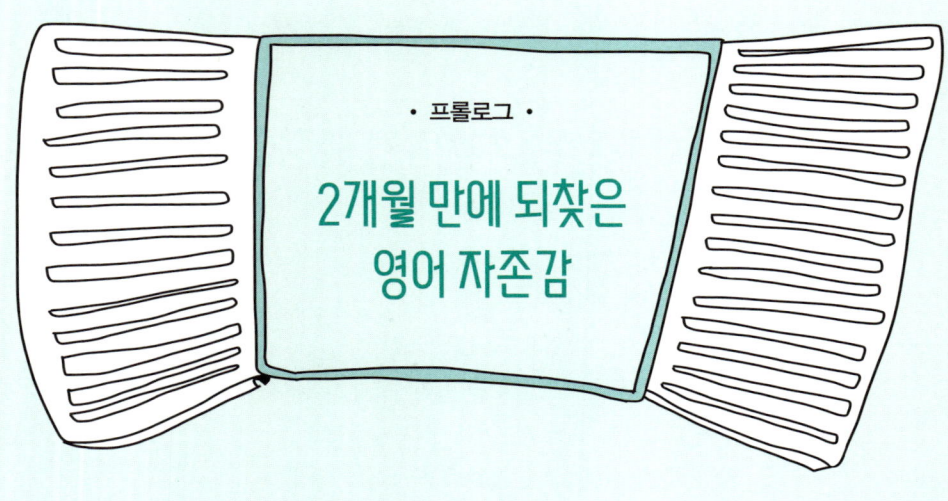

· 프롤로그 ·

2개월 만에 되찾은 영어 자존감

'10년간 공부하면 뭐해? 영어회화가 안 되는데.'

영어 콤플렉스에 시달리던 내가 영어 자존감을 획득하기까지 걸린 시간은 딱 2개월이다.

따라 말하기라는 간단한 원리를 적용하고 실행한 결과, 영어가 들리기 시작하고, 억지로 문장을 찾지 않아도 하고 싶은 말이 입에서 흘러나왔다. CNN이 들리고 주말 축구 모임에서 우연히 만난 외국인과 자연스럽게 영어로 대화를 나눌 때는 어학연수 한 번 못 다녀온 사람이 맞나 싶을 정도로 나 자신이 놀라웠다.

1년간 토익, 영어회화 수업, 받아쓰기, 문장 외우기 등 여러 방법을 동원하며 말문 트이는 영어 공부법을 찾았으나 그때마다 처참한 심정으로 포기했던 영어가 '따라 말하기'라는 말도 안 되게 단순한 방법으로 내 몸에 장착되었을 때 온몸에 소름이 쫙 돋고 말았다.

따라 말하기는 잃어버린 영어 자존감을 되찾아준 마법의 열쇠였다.

미국 아기들은 어떻게 영어를 배우지?

'따라 말하기'를 찾기까지 나는 여러 공부법을 거웃거렸다. 대학생 필수과목인 토익도 공부해보고, 대학교에 개설된 교양영어 수업을 한 학기 내내 듣기도 했다. 나처럼 순수 토박이로 영어를 잘하는 선배에게 배운 '듣고 받아쓰기' 비법도 한 달 넘도록 실행해보았다. 토익 점수는 오르더라. 그런데 말은? 교양영어 수업 시간은 한 학기가 끝나도록 내 귀를 틔워주지 못했다. 듣고 받아쓰기? 이건 정말 고역이었다. 나는 귀와 입을 틔워줄 영어 공부법이 필요했다. 영어 문장을 통째로 외워코는 방법도 써봤다. 아는 문장이 없으니까 말이 안 나온다고 생각해서 시작했다. 매일 목표치를 달성하며 외웠지만 15일 후 나는 이 방법을 쓰레기통에 버리고 말았다. 그냥 외우기만 해서는 머리에 남는 게 없었다.

그때 나는 학사장교로 군에 있었는데 휴가를 맞아 도서관을 찾았다. 3일에 걸쳐 영어 공부법과 관련된 책을 읽으며 나의 영어 말문을 틔워줄 가장 효과적인 방법을 탐색했다. 공부법을 찾으면서 세 가지 원칙을 정했다.

첫째, 외국에 나가지 않고 한국에서 할 수 있는 방법일 것(외국들 먹지 않은 토종 한국인으로 영어를 익혀보겠다는 자존심이 있었다.).

둘째, 혼자 할 수 있을 것(군대에 있었다.).

셋째, 최대한 짧은 시간 안에 끝낼 수 있을 것(내 급한 성격 때문에 빨리 끝내고 싶었다.).

그러나 안타깝게도 당시 영어 공부법 중에는 이 세 가지 조건을 만족시킬 만한 방법이 없었다. 답답함이 가중될 무렵, 한 가지 생각이 계속 머릿속을 맴돌았다.

'나는 어떻게 우리말을 배웠을까? 미국 아이들은 어떻게 영어를 배웠을까?'

우리는 우리말을 따로 힘들게 배우지 않았다. 그런데도 말을 잘한다. 미국 아이들도 마찬가지다.

따라 말하기를 찾게 된 계기였다.

매일 한 시간 동안 따라 말했더니

처음에는 매일 3분 분량의 CNN 뉴스를 녹음한 음성파일을 반복해서 듣고 따라 말했다. 속삭이듯 조용히 말한 게 아니라 밖에서 들릴 만큼 큰 소리로 따라했다. 나중에 외국인을 만날 때 주눅 들어서 한마디도 못할까 봐 일부러 소리를 크게 냈는데 나중에 하다 보니 영어를 몸으로 익히는 데 정말 중요한 과정이었다. 실제 상황에서 무의식중에 영어가 튀어나오게 된 이유도 큰 소리 따라 하기 때문으로 보인다. 또한 아나운서의 발음, 억양, 강세를 앵무새처럼 최대한 흉내 냈다. 따라 말하고 난 뒤에는 모르는 단어와 문장구조를 복습했다. 이 과정을 매일 반복했다.

한 시간 동안 큰 소리로 따라 말하기를 반복하면 3분짜리 뉴스 기사가 다 외워졌다. 지문을 보지 않고도 줄줄 말할 수 있었다. 그때의 놀라움은 지금도 선명하다. 입에서 영어문장들이 술술 나올 때의 기쁨이란! 예전에 아무 뜻도 모르고 영어문장들을 무작정 외울 때와는 느낌이 달랐다. 이제는 의미를 알고 있기에, 내가 실제로 그 말을 다른 사람에게 전달하는 기분이었다. 음성파일 덕분에 발음도 좋아졌는데 나중에 옆방에 기거하던 동료가 나의 큰 소리 따라 하기 소리를 듣고 'CNN 방송을 켜놓을 줄 알았다'고 착각했을 정도였다.

따라 말하기는 첫날부터 강렬한 인상을 남겼다. 뭔가 되는 것 같았다. 며칠이 지났을 때는 조금 더 확신이 들었다. 가장 인상 깊었던 점은, 한번 공부한 내용을 며칠 뒤에 다시 봐도 바로바로 그 글의 의미가 이해되고 있다는 것이다. 한글을 읽는 것인지 영어를 읽는 것인지 구별이 안 될 정도로 술술 읽혔다. 굳이 문법에 맞게 영어 문장을 하나하나 쪼개서 분석하지 않아도, 물 흘러가듯이 자연스럽게 무슨 의미인지 이해되었다. 말로만 듣던 직독직해였다.

며칠 전 들었던 음성파일을 다시 들을 때도 무슨 말인지 이해가 되고 있었다. 이때도 머릿속에서 문장을 쓰고 그것을 다시 분석하며 이해하는 방식이 아니라, 내 귀에 들리는 대로 바로바로 이해가 되었다. 말로만 듣던 직청직해였다.

이런 경험은 태어나서 처음이었다. 영어 지문을 봐도 마치 한글을 읽는 것 같았고, 음성파일을 들어도 마치 우리말을 듣는 것 같았다. 무작정 외울 때에는 자고 일어나면 신기루처럼 사라졌던 것과는 달리, 따라 말하기는 영어를 통째로 내 머릿속에 남겨주었다. 너무 신기했다.

실전에서 더욱 강한 따라 말하기

따라 말하기를 시작한 지 한 달이 조금 안 되었을 때, 축구 모임에서 우연히 오만 출신의 외국인 영어 강사를 만났다. 마침 동네 꼬마들이 주변에 모여서 '외국인이다, 영어 좀 해봐요!' 하고 한국어로 말했다. 오만 친구가 무슨 뜻이냐고 내 얼굴을 쳐다보는데 내 입에서 나도 모르게 영어가 흘러나왔다.

"These guys want you to speak in english." (아이들이 당신이 영어로 말하기를 원해요.)

간단한 영어 문장도 아니고, 흔히 말하는 5형식 문장이었다. 영어 발음도 너무 자연스러웠다.

이뿐이 아니다. 그날, 집에서 쉬면서 CNN 뉴스 채널을 틀어놓았다. 마침 운동 직후라 매우 피곤했는데 잠결에 이상한 느낌이 들어 쳐다보니 CNN 뉴스 아나운서의 말이 너무나도 또박또박 들렸다. 심지어 어떤 문장들은 의미까지 이해가 되었다. 아는 단어가 많은 경우에는, 억지로 이해할 필요 없이 바로바로 문장의 의미가 파악되었다. 지금도 그때의 느낌이 생생하다. 영어가 들리지 않을 때는 아나운서의 말소리는 그저 백색소음의 하나였을 뿐이었다. 그때는 그냥 켜두고 있어도 스르르 잠이 들었다. 그런데 무슨 말인지 알아들으니까 잠을 잘 수 없는 지경이었다. 리모컨으로 TV를 끄고는 즐거운 마음으로 잠이 들었다. 그때가 따라 말하기를 한 지 2개월이 막 지났을 때였다.

 동두천 무적 태풍부대에서 군생활을 할 때 참석했던 샬롬 하우스라는 미군 기독교 단체 모임은 나의 영어 공부에 확신을 심어주었다. 외국인 모임에는 꼭 한 번 가보고 싶었던 참이다. 영어 찬송과 기도가 이어지고 처음 온 사람들에게 자기소개를 하는 시간이 마련되었다. 내 차례가 되면 뭐라고 나를 소개할까 긴장되고 고민스러웠다. 나를 믿어보기로 했다. 실전에 부딪쳤을 때 말문이 트이는 경험을 하질 않았나. 일단 자리에서 일어나서 나오는 대로 말해보기로 했다. 이름, 신분, 동두천에 근무하게 된 이유 등을 설명하는데 긴장한 것에 비하면 말이 술술 나왔다. 그때 모임 진행자가 나에게 갑자기 좋아하는 아이스크림이 뭐냐고 물었다. 당황했다. '아이스크림? 왜 그걸 지금 궁금해 하는 걸까?' 그에게 되물었다.

 "Why do you wanna know that?" (왜 그게 알고 싶죠?)
 참석자들이 큰 소리로 웃었다. 처음 온 사람에게 좋아하는 아이스크림이 뭐냐고 묻는 게 샬롬 하우스의 관례라고 진행자가 웃으면서 친절히 설명해 주었다.

 나도 그들을 따라 웃었는데 그 웃음의 의미를 나는 지금도 잘 알고 있다. 영어에 대한 자신감이자 따라 말하기 공부법에 대한 확신이 담긴 당당하고 즐거운 웃음이었다. 훗날 나는 따라 말하기가 언어를 가리지 않을지 모른다고 믿고 중국어 학습에도 적용해 보았는데 웬걸, 너무나도 좋은 방법임을 다시 한 번 확인하고는 기뻐서 미치는 줄 알았다.

지금까지 공부한 방식을 반대로 하면, 영어가 된다

'어떤 식으로 공부했어요?' 많이 듣는 질문이다. 나 역시 10년간 대입 영어를 공부한 평범한 사람이다. 유학은 물론 어학연수 한 번 다녀온 적 없는 순수 국내 토종이다. 그래서 사람들의 마음을 잘 안다. 영어란 게 복잡하기만 하고, 아무리 열심히 해도 발전이 더디다. 10년 공부해도 쉬운 문장 하나도 제대로 말하지 못한다. 애꿎은 머리만 탓하면서 끝내 영어를 포기한다. 영어는 내 자존심을 마구 짓밟는 콤플렉스가 된다.

그들에게 쉬운 공부법을 보여주고 싶다. 음성파일의 영어 문장을 듣고 따라 말하면 끝이다. 아기들이 그렇게 말을 익힌다. 한국 아기가 부모의 말을 듣고 따라 하듯이 미국 아기도 부모의 말을 듣고 따라 한다. 인류가 언어를 배우는 유일한 방법이 따라 말하기다. 심지어 아기들은 말 배우느라 스트레스도 받지 않는다!

나는 여기서 착안하여 아기처럼 배우기를 모태로 삼고 그 위에 효율성을 더해 영어 공부법을 정립했다. 나는 이 방법이 다른 외국어, 예컨대 중국어를 배우는 데도 효과가 크다는 것을 몸소 체험했다.

이 방법은 흥미롭게도 지금까지의 우리 영어 공부법과 정반대다.

한국 사람 ① 문법 ⋯ ② 읽기 ⋯ ③ 쓰기 ⋯ ④ 듣기(말하기는 거의 없다.)
미국 아기 ④ 듣기 ⋯ 말하기 ⋯ ②③ 읽기/쓰기 ⋯ ① 문법 따라 말하기 공부법은 장점이 많다. 일단 쉽다. 이보다 쉬운 방법은 아직까지 본 적이 없다. 다음, 효율적이다. 전략적인 학습을 통해 공부 기간을 단축시킨다. 셋, 돈도 거의 안 든다. 어디 돈뿐이랴. 시간과 공간의 제약도 없다. 본인이 원하는 시간과 장소에서 편한 자세로 배울 수 있다. 입과 귀만 있으면 누구나 할 수 있다. 넷, 실력에 상관없이 왕초보부터 고급까지 모든 난이도에 적용 가능하다. 본인의 실력에 맞는 교재만 활용하면 된다. 마지막, 사람이 말을 배우는 과정을 기본 모델로 삼았기 때문에 영어뿐 아니라 모든 외국어 독학에도 적용할 수 있다.

더 이상 골치 아픈 영어 공부는 그만하자. 더 이상 점수 따는 데만 쓸모 있는 영어 공부는 그만하자. 기존 방식은 대한민국 교육부의 실패작이다. 누구나 '따라 말하기'로 얼마든지 쉽고 재기나게 공부할 수 있다. 많은 시간을 투자했지만 내 것이 아니었던 영어가, 10년간 공부했지만 나의 자존감에 깊게 상처를 냈던 영어가 어느 순간, 또박또박 들리고 본인도 모르게 입에서 튀어 나올 것이다.

딱 세 달만 영어 베이비가 되어 영어를 따라 말해보자. 90일 뒤 당신도 영어 어른이 되어 있을 것이다.

2018년 5월
양선호

1장

따라 말하기를 권하는 이유?
쉬우니까

진화적 관점에서
인간에게 최적화된 영어 공부법

테잎 뽀개기, 받아쓰기, 무작정 암기하기…… 1년간 영어 고수들이 추천하는 방법을 다 따라 해보았으나 실패하고 말았다. 나에게는 너무 버겁고 힘겨운 방법들이었다. 내 수준과 상황에 맞는 방법을 찾기 위해 3일 동안 대학교 도서관을 싹 뒤졌다. 어떤 영어 학습법도 이거다 싶은 게 없었다.

그렇게 답답함을 안고 있던 중이었다. 궁금증 하나가 머릿속을 계속 맴돌았다.

"미국 사람들은 어떻게 영어를 배웠을까?"

좀 엉뚱한 생각이긴 했다. 모국어니까 당연히 잘하는 거 아닌가. 그런데 곰곰이 생각하다 보니 이상한 게 있었다. 공부를 잘하건 못하건 다 영어를 잘하지 않나? 심지어 정규 교육을 받지 못한 사람도 영어는 잘한다. 이 말은 무슨 뜻일까? 영어를 배우는 것은 지능 수준과는 전혀 상관이 없다는 의미다. 그 말은……? 그렇다! 미국인들이 영어를 배운 방식을 모방하면 나 같은 사람도 얼마든지 배울 수 있다는 얘기다.

며칠간 집과 도서관을 오가는 지하철에서 이런 생각에 잠겨 있었다. 그러다 미처 깨닫지 못하고 있던 사실 하나를 발견했다. 우리도 이미 이와 동일한 방식으로 우리말을 배웠다는 사실이다. 미국 아기가 영어를 배운 방법과 우리가 우리말을 배운 방법이 다를 리 없다. 나아가 세상의 모든 아기가 모국어를 배우는 방식은 동일하다. 미국 아기라고 해서 별도의 영어 수업을 받을 리 없다. 나도 이미 그렇게 말을 익혔고, 지금도 아가들은 똑같은 과정을 거쳐 말을 배운다. 이미 답이 있었다.

갓 태어난 아기는 우는 것으로 본인의 모든 감정과 의사를 표현한다. 하지만 아기의 의사와는 상관없이 엄마 아빠 그리고 주위 사람들은 아기에게 한국어로 꾸준히 말을 건다. 처음에는 아무 의미 없는 의성어에 불과한 말들이 차츰 익숙해진다. 성장 속도에 맞춰 아이는 말을 따라 하게 되고, 소리와 의미를 연결시키기 시작한다. '맘마', '까까', '우유', '이리 와'를 일상에서 수십 차례 접한다. 엄마가 '쭈쭈 먹자'나 '맘마 먹자'라고 말하며 입에 젖병을 물려주는 상황이 되풀이되면서 아기는 '쭈쭈'나 '맘마'와 젖병 혹은 배고픔을 연결 짓는다. 최소 10개월에서 1년 동안 같은 자극이 반복되고, 아이의 뇌가 성장하면서 사람들의 말을 조금씩 알아듣기 시작한다.

그리고 구강구조의 발달에 따라 옹알이를 시작한다. 분리되지 않은 쉬운 발음, 예컨대 '음, 듬, 응'과 같은 소리부터 시작해서 '빠, 마, 밥, 물'과 같은 한 음절 소리들을 발음하기 시작한다. 알아듣기 시작하는 단어의 수가 점차 많아지면서 '나무'나 '과자'와 같이 2음절로 된 단어들도 말할 수 있게 된다. 그렇게 음절수를 늘리다가 어느 순간부터는 '밥 먹어.', '배고파'처럼 간단한 문장들도 말하기 시작한다. 아기가 성장할수록 말할 수 있는 문장의 수는 늘고 길이도 길어진다. 발음도 정확해진다.

보통 5~6세만 되어도 일상적 대화가 가능해진다. 이해하기 힘든 추상적이고 형이상학적인 단어나 따로 배우지 않고는 알 수 없는 어휘를 빼고는 듣고 말하기가 전혀 불편하지 않다.

읽고 쓰기가 시작되는 것도 이 무렵이다. 빠른 아이들은 5세, 늦어도 6세에는 한글 떼기라는 공부가 시작된다. 이때의 학습은 그동안 무의식중에 해오던 언어 학습과는 차원이 다르다. 그 전에는 소리 위주의 학습이었다면, 이제부터는 문자 위주의 학습으로 넘어간다. 어떠한 글자 모양이 어떤 소리를 갖고 있는지 배운다. 문자를 소리로 전환하는 읽기 학습이다. 받아쓰기 연습도 하는데, 이것은 소리를 문자로 전환하는 쓰기 학습이다. 이 과정은 초등학교 시절까지 죽 이어진다.

마지막으로 중학교에 입학하면서 국어 문법을 배우기 시작한다. 우리말과 글을 접한 지 13년이 지난 뒤에서야 문법을 공부한다.

지금까지 과정을 간단히 요약하면 아기가 말을 습득하는 순서는 다음과 같다.

듣기 ⇒ 말하기 ⇒ 읽기 ⇒ 쓰기 ⇒ 문법

이 순서는 한국 아기, 미국 아기가 다르지 않다. 세상의 모든 아기는 이런 방식으로 말을 배운다. 이것은 수천 년 동안 인류가 언어를 배워 온 방식이며, 지구상에 사람이 존재하는 한 앞으로도 계속해서 존재할 수밖에 없는 '진화적 관점에서 인간에게 최적화된 언어 공부법'이다.

영어를 비롯한 모든 외국어 학습에 대한 나의 원칙은 확고하다. "아기가 언어를 배우듯이, 다양한 상황을 반복적으로 접하면서 그와 연관된 말소리를 듣고 따라하면서 익힌다." 그래야 머리가 아닌 몸으로 익히게 되고, 그래야 무의식중에 반응하여 언어를 듣고 말할 수 있게 된다.

우리가 지금껏 영어를 배우는 순서는 정반대였다. 우리는 가장 마지막에 배워야 할 영어 문법부터 시작한다. 그것도 모자라 가장 나중에 해야 하는 영문법에 가장 많은 시간을 할애한다. 그리고 문법과 동시에 영어 읽기와 쓰기도 같이 배운다. 영어 회화에서 가장 중요한 듣기와 말하기는 찬밥 신세이다. 특히 말하기 학습은 거의 안 한다.

: 영어 학습 순서의 차이 :

미국 아기 ① 듣기 ⋯ ② 말하기 ⋯ ③ 읽기 ⋯ ④ 쓰기 ⋯ ⑤ 문법

한국 사람 ⑤ 문법 ⋯ ③④ 읽기/쓰기 ⋯ ① 듣기(② 말하기는 거의 하지 않는다.)

이 순서의 차이가 한국인을 영어 바보로 만드는 이유 중 하나다.
순서를 바로 잡아 보자. 우리도 미국 아기들처럼 영어를 배워보자.

물론 여기에는 몇 가지 제약이 따른다. 우리는 미국 아기와 완벽히 동일한 상황에 놓일 수 없다. 미국에 살고 있지도 않거니와 영어로 말을 걸어줄 미국 엄마 아빠가 없다. 그리고 무엇보다도 최소 2~3년에 걸쳐 말을 배우는 미국 아기와 달리 우리에게는 시간적 여유가 없다. 하루라도 빨리 지긋지긋한 영어의 굴레로부터 벗어나야 한다. 단순히 따라 말하기만으로는 힘들며, 그래서 전략이 필요하다. 나는 '따라 말하기'라는 원리 위에 '6원칙'이라는 전략을 얹었다. 우리는 '6원칙 따라 말하기'의 방식으로 약점을 보강하고 시간을 3개월로 단축시킬 것이다. 참고로, 6원칙은 일부러 만든 방법은 아니고, 내가 영어와 중국어를 성공적으로 배우는 과정에서 살아남은 효과 좋은 노하우들이다.

미국 아기들도 따라 말하기로 영어를 배운다

6원칙은 둘째 치고, 정말 따라 말하기가 효과가 있을까?

일단 따라 말하기의 공부법을 살펴보자. 이 방법은 책이나 노트, 펜 따위가 필요 없다. 음성파일의 소리를 그대로 듣고 따라 하는 게 골자이기 때문에 귀와 입만 있으면 된다.

교재에 딸려 있는 음성파일을 재생시키면 먼저 한국인 성우의 한국어 문장을 듣게 된다. 그리고 이어서 이 한국어 문장에 대응하는 영어 문장을 외국인 성우의 목소리로 듣게 된다. 우리말로 뜻을 먼저 이해했기 때문에 영어 문장의 의미는 자연히 알 수 있다. 마지막으로 학습자는 이 영어 문장의 소리를 듣자마자 입으로 똑같이 따라 말한다.

(※ 참고로, 2018년 7월 초에 따라 말하기를 공부할 수 있는 패턴북도 출간할 예정이다. 이 패턴북은 6원칙 따라 말하기를 충실히 반영한 것으로 그간의 노하

우에 따라 완벽히 설계되었다. 이 패턴북에도 물론 따라 말할 수 있는 음성파일이 있다. 이 음성파일은 팟빵에서 '영어 베이비' 검색 후 무료로 다운받을 수 있다.)

⋮ 따라 말하기 순서 ⋮
❶ 한국어 문장 듣기(한국인 성우)
❷ 영어 문장 듣기(외국인 성우)
❸ 입으로 소리 내어 똑같이 따라 말하기

이게 전부다. 너무 쉽고 간단하다. 단순히 따라 말하면 된다. '따라 말하기'가 효과적인 이유는 크게 세 가지 측면에서 설명된다.

첫째, 따라 말하기는 미국 아기들이 영어 배우는 과정과 똑같다.

펜을 들고 눈과 손으로 외우며 하는 암기식 공부의 가장 큰 문제는 머리만 쓴다는 점이다. 기억에 의존하기 때문에 에빙하우스의 망각곡선에 따라 시간이 지나면 까먹는다. 반면 따라 말하기는 미국 아기의 영어 습득 과정과 동일하기 때문에 몸으로 익히게 된다. 마치 몸으로 익힌 자전거 배우기는 절대 까먹지 않는 것처럼 따라 말하기는 귀를 열어주고 입을 풀어준다. 한번 열린 귀와 입은 억지로 막을 수 없다.

조금 더 자세히 살펴보자.

미국 엄마 아빠가 아기에게 'milk'라는 단어를 알려주려고 한다. 대개 이런 경우는 우유가 시각적으로 볼 수 있는 상황인 경우다. 엄마와 아빠는 컵이나 곽에 담긴 우유를 가리키면서 'milk'라는 소리를(문자가 아닌) 들려준다.

따라 말하기도 원리적으로 똑같다. 다만 우리는 이미 우유가 뭔지 알기 때문에 시각적으로 확인할 수 있는 물체가 굳이 필요 없다. 대신 음성파일의 한국인 성우가 우리말로 '우유 마셔'라고 말해준다. 우리는 이 한국어 문장을 들으며 머릿속에 상황을 그린다. 이어서 외국인 성우가 'Drink milk'라고 말한다. 우리는 이 소리를 우리 머릿속에 생긴 이미지(우유 마시는 장면)와 연결시킨다. 한 걸음 더 나아가 'Drink'라는 소리를 '마시다'에, 그리고 'milk'라는 소리를 '우유'에 연결할 수도 있다.

"그런데 드링크를 우유와, 밀크를 마시다와 연결할 수 있지 않나요?" 좋은 질문이다. 미국 아기들도 분명 헷갈릴 것이다. 그러나 여러 방식으로 되풀이해서 말해주는 엄마 아빠가 있기 때문에 아이는 끝내 우유와 밀크를, 마시다와 드링크를 연결시킨다. 물론 아기 수준에서 이 둘을 분리해서 이해하는 데는 시간이 필요하다. 반면 우리는 보다 간편한 방법으로 이 문제를 해결할 수 있다. 패턴이다.

음성파일을 플레이하면 처음에 '우유 마셔 …… Drink milk'라고 나온다. 이어서 '주스 마셔 …… Drink juice'처럼 하나의 단어만 바뀐 문장이 흘러나온다.

우유 마셔 …… Drink milk
주스 마셔 …… Drink juice
커피 마셔 …… Drink coffee

동일한 패턴을 활용하기 때문에 'Drink'가 '마시다'라는 걸 스스로 알게 된다. 이러면 굳이 '드링크가 마시다고 밀크가 우유다'라고 설명할 필요도 없다. 패턴은 여러 모로 쓸모가 많고, 따라 말하기의 효율을 높여준다.

긴 시간이 흘러 영어의 소리에 완전히 익숙하게 되고 그 의미도 알게 된 아기는 그동안 엄마 아빠한테 배운 소리들을 하나둘씩 따라 말하기 시작한다. 우리도 외국인 성우한테 들은 소리들을 똑같이 따라 말한다. 다만 우리는 외국인 성우의 말을 듣자마자 바로 따라 말할 뿐 아니라 완전한 문장으로 시작한다는 점에서 차이가 있다. 우리는 아기보다 훨씬 발달한 지능을 가지고 있다. 덕분에 학습 시간을 훨씬 단축시킬 수 있다. 미국 아기가 'milk'라는 소리와 '우유'를 연결시키는 데 약 1년 가까운 시간이 필요하다면 우리는 1초면 충분하다. 나아가 아기는 기초 어휘부터 시작해야 하지만 우리는 아기보다는 많은 어휘를 알고 있기 때문에 훨씬 앞에서 출발할 수 있다.

한 가지 덧붙이면 미국 아기는 성장하는 동안 사람도 만나고 책도 읽고 TV도 보면서 점차 표현 능력을 키운다. 마찬가지로 우리도 따라 말하기를 통해 성과를 거두었다면 이후 반복 학습과 다양한 교재를 통해 표현 능력을 향상시킬 수 있다. 미국 아기에게 전혀 꿀릴 환경이 아니다!

'따라 말하기'는 지력이 약해서 책과 펜으로는 학습이 불가능한 아기에게 체험적으로 언어를 습득하도록 만들어진 방법으로, 마치 자전거를 배우는 것과 같다. 따라 말하기는 학원식 학습법처럼 문법, 독해, 듣기 따위가 분리되어 있는 게 아니라 통합적으로 접근한다. 자전거를 배울 때도 그렇게 하지 않는가? 누가 페달 밟는 법 따로 핸들 조작법 따로 배우겠는가? 설령 따로 배운다고 해도 이를 통합적으로 할 수 없다면 자전거 타기는 쉬운한 일이다. 마찬가지로 우리는 따라 말하기를 통해 듣기, 단어, 문장구조(문법), 발음을 통합해서 한 번에 익힌다. 눈과 머리로 외우는 게 아니라 언어에서 가장 중요한 귀와 입으로 익히기 때문에 자연스레 몸에 체득된다.

: 미국 0-7기의 영어 배우기와 따라 말하기 비교 :

	미국 아기가 영어를 배우는 방법	따라 말하기 공부법
상황 설정	실제 상황	한국인 성우의 한국어 문장
말하는 사람	엄마 아빠	외국인 성우
영어 말하기	약 10개월 뒤부터	들은 직후
학습 순서	듣기 ⇒ 말하기 ⇒ 읽기 ⇒ 쓰기 ⇒ 문법	듣기 ⇒ 말하기 (⇒ 읽기 ⇒ 쓰기 ⇒ 문법)

따라 말하기는
영어 뇌를 만들어준다

따라 말하기가 효과가 있는 두 번째 이유가 있다. 따라 말하기는 영어 뇌를 만들어준다.

영어 뇌란, 머릿속에서 영어 문장을 조립하거나 분해하는 인위적인 과정 없이, 일종의 반사 작용에 따라 영어를 활용하는 능력을 의미한다. 우리가 한국어를 사용하듯이 자연스럽게 영어를 사용할 수 있는 능력이다.

사람의 뇌가 언어를 처리하는 과정은 총 3단계로 나뉜다. ❶ 말이나 글의 인식 단계, ❷ 어떻게 대응할지 결정하는 사고 단계, ❸ 말이나 글을 통한 표현 단계다.

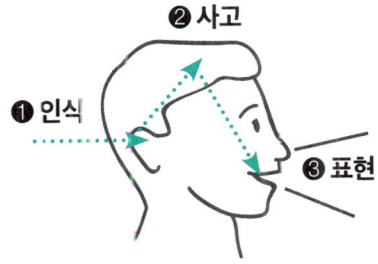

　한국어 뇌가 발달한 한국인은 ❶ 인식 단계를 담당하는 뇌(베로니카 영역)와 ❸ 표현 단계를 담당하는 뇌(브로카 영역)가 매우 발달되어 있는 상태다. 그래서 ❷ 사고 단계가 억지로 개입하지 않고도 자연스럽게 가동되기 때문에 말을 받아들이고 표현할 수 있다. 단, 이때 발달되었다는 말은 '한국어'에 국한된다. 마찬가지로 영어 뇌가 발달한 사람드 영어에 대해서 ❶과 ❸이 발달된 상태다.

　달리 말해, 영어 뇌가 발달되었다는 말은 영어를 받아들이고 표현하는 뇌가 발달되어 ❷의 억지 개입이 없이도 얼마든지 영어가 되는 상태를 의미한다.

　이 뇌는 자극에 의해서 발달되기도 하며 쓰지 않으면 쇠퇴하기도 한다. 아직 영어 베이비인 우리는 영어 뇌가 제대로 발달한 적이 없다. 10년 넘도록 영어를 배웠는데 왜 영어 뇌는 발달한 적이 없을까?

　눈치 챘겠지만 우리는 ❶과 ❸을 자극하는 방법이 아니라 ❷를 자극하는 방법으로 공부했기 때문이다(물론 ❷도 완벽히 자극한 건 아니다.). 영어를 시험 문제 외우듯이 사고 영역을 통해서 공부한다. 문법을 처리하는 뇌는 언어중추가 아니라 논리 신경이다. 논리 신경이 움직인다는 말은, 자전거의 구조를 배우고 동력이 전달되는 원리를 배운다는 얘기다. 그걸 알면 자전거를 저절로 타게 되는가? 아니다. 사고를 자극하는 공부법은 언어를 쓰기 위한 방법이 아니다.

뭐, 좋다. 사고 영역을 자극하는 게 나쁘다는 말은 아니다. 그러나 한 가지 문제가 더 있다. 사고 단계에서 우리는 우리가 하고 싶은 말을 영어로 바꾸는 법을 배워야 한다. 그래야 표현이 가능해지기 때문이다. 그러나 그런 연습을 한 적이 있는가? 10년간 배운 문법에 토대를 두고 문장을 만들어보려고 하지만 시간이 너무 오래 걸린다. 시간만 오래 걸리면 다행이다. 제대로 된 영어 문장을 못 만든다. 안 만들어봤기 때문이다. 만들어본 적이 없으니 표현은 오죽할까?

특히 표현이란 입과 혀, 손을 움직이는 과정이기 때문에 운동과 연관이 깊다. 한국어로 생각하는 우리는 생각한 것을 즉각적으로 글이나 말로 표현할 수 있다. 표현과 관련된 운동신경이 사고와 긴밀히 연결되어 있어서 자동으로 움직이기 때문이다. 반면 영어의 경우, 표현에 필요한 운동이 충분히 발달해 있지 못하다. 그래서 자꾸 ❷ 사고 영역이 개입해서 의식적으로 뭔가를 해야 한다. 영어가 어려워지는 이유다.

말이란 생각 과정을 반드시 거쳐야 되는 건 아니다. 일상 대화의 90% 이상은 억지로 생각하는 과정을 거치지 않는다. 거의 자동으로 이루어진다.

영어 뇌를 발달시키는 게 중요한 이유다. 영어 뇌가 발달한 사람은 다음과 같이 ❶~❸단계가 이루어진다.

❶ 인식 : 영어를 들으면 영어 그대로 받아들인다.

❷ 사고(반응) : 하고 싶은 말을 영어로 빠르게 전환한다.

❸ 표현 : 전환된 영어 문장을 입으로 소리를 내어 표현한다.

이 과정이 복잡해 보일 수도 있다. 영어 뇌가 없는 사람에게는 그렇다. 반면 영어 뇌가 있는 사람은 이걸 굳이 생각할 필요가 없다. 자연스럽게 ❶~❸이 이루어지기 때문이다.

인지 심리학에 따르면 기억의 종류에는 서술기억과 절차기억이 있다. 서술기억은 억지로 떠올려야 찾을 수 있는 기억으로, 이미 알고 있는 사실들과 지식들이 여기에 해당한다. 반면에 절차기억은 억지로 찾지 않아도 저절로 떠오르는 기억으로, 보통 몸을 사용하는 행위나 운동이 이에 해당한다. 예컨대 계산을 하는 것은 서술기억이고, 자전거를 타는 것은 절차기억이다.

영어 뇌를 만든다는 것은 의식하지 않고 영어로 말하는 능력을 의미한다. 따라서 영어 뇌를 만들기 위해서는 영어를 서술기억이 아닌 절차기억으로 학습해야 한다. 따라 말하기는 영어를 절차기억으로 만드는 방법이다.

절차기억으로 만들기 위해서는 영어를 학습이 아닌 운동으로 바라보아야 한다. 운동이란 게 동작 하나하나를 되풀이해서 연습하는 과정을 통해 몸에 익숙해지도록 만드는 과정이다. 처음에는 의식적으로 동작을 취하지만 반복되면 무의식적으로 몸이 움직인다. 그래서 필요한 순간, 몸이 반사적으로 동작을 취한다. 마찬가지로 영어도 따라 말하기라는 행동을 통해서 절차기억으로 만들면 무의식적으로 쓸 수 있도록 만들어준다.

'Drink milk'를 배우는 과정을 예로 들어보자. 학원에서 배우는 방식은 이렇다.

기존 학습법

'Drink'는 '마시다'라는 의미의 동사다. 'milk'는 '우유'라는 뜻의 명사다. 여기서는 동사의 목적어로 쓰였다. 따라서 '마시다 + 우유'가 되어 '우유를 마셔라'라는 의미가 된다.

따라 말하기 공부법

우유 마셔 …… Drink milk

　보다시피 '따라 말하기'는 생각을 유도하지도 않고, 생각할 틈도 안 준다. '우유 마셔'는 그냥 'Drink milk'다. 입을 벌리고 큰 소리로 따라 하기 때문에 ❷ 사고의 뇌가 아니라 ❶ 베로니카 영역과 ❸ 브로카 영역을 자극한다. 우리의 목표는 운동처럼 자동 반사적으로 튀어나오는 영어다! 이게 익숙해지면 이제 당신은 영어를 영어 그대로 받아들이게 된다.

　이뿐 아니다. 생각한 것을 영어로 전환하는 것도 연습한다. 패턴을 통한 따라 말하기가 영어 문장 전환을 돕는다. 학습을 제대로 했다면 이제 당신은 '우유 마셔'뿐 아니라 '물 마셔'도 말할 수 있으며 '커피 마셔'도 영어로 말할 수 있다. 나아가 다른 패턴과의 조합 또는 응용을 통해 '난 커피 마시고 싶어. / I want to drink coffee.', '난 커피 마시고 싶지 않아. / I don't want to drink coffee.'처럼 다양한 문장도 바로 만들 수 있다.

표현은 더 쉽다. 우리는 매일 말하기 연습을 할 것이다. 그것도 큰 소리로 할 것이다. 듣고 따라 하는 것이지만 이보다 더 좋은 표현 연습은 없다.

따라 말하기는
소리 학습의 원리를 따른다

    미국 아기들은 영어 듣기와 말하기를 먼저 하고, 한참 뒤에 읽기와 쓰기를 배운다. 출생 직후에는 문자를 거의 접하지 않는다. 그런데 듣기/말하기는 소리의 영역이고, 읽기/쓰기는 문자의 영역이다. 즉 미국 아기의 영어 공부는 소리 학습에서 시작하여 문자 학습으로 넘어간다.

듣기 ⇒ 말하기 ⇒ 읽기 ⇒ 쓰기 ⇒ 문법
------------------   ------------------
소리 학습　　　　　문자 학습

    무슨 말인가 하면 소리 학습부터 시작하는 것이 자연스럽다는 뜻이다. 세상 그 어느 민족의 어린아이도 문자부터 배우지 않는다. 언어는 원래 특별히 외우지 않고도 소리를 듣고 말하는 과정을 통해 습득되기 때문이다.

　따라 말하기 공부법 역시, 음성파일의 소리를 듣고 그대로 따라 말하는 방식이므로 소리 학습의 범주에 속한다. 소리 학습은 책상에 앉아서 단어와 문장을 읽고 쓰면서 공부하는 문자 학습과는 완전히 다르다. 문자는 일단 배제하고, 소리로만 공부한다. 영어를 처음 접하는 사람이거나 왕초보일수록 미국 아기처럼 소리 학습으로 시작해야 한다. 귀와 입을 연습해야지, 눈과 머리를 연습해서는 안 된다. 그래야 영어의 소리에 익숙해지고 자연스럽게 말할 수 있다.

　영어는 노래와 같다. 외우면서 공부하는 것이 아니다. 노래를 직접 소리 내어 부르면서 배우듯이, 영어도 직접 소리 내어 말하면서 배우는 것이다. 그런데 노래를 잘하고 싶어 하는 누군가가 입으로 노래 부르는 연습은 안 하고 눈과 손으로 작곡법만 공부했다고 하자. 노래를 잘 부를 리가 없다. 학원도 마찬가지다. 노래 학원에 갔으면 열심히 큰 소리로 노래를 불러야지 악보 공부만 하거나 선생님이 부르는 노래만 듣다 오면 안 된다. 동일한 원리로 음악 시험에서 100점 받았다고 해서 노래를 잘하는 건 아니다. 우리는 10년 동안 악보 공부만 열심히 했다. 이제부터라도 입과 귀를 통한 소리 학습을 해야 진짜로 영어를 잘할 수 있다.

　소리 학습의 큰 장점 중 하나는 발음이 좋아진다는 사실이다. 듣고 따라 말하는 연습에서 빠뜨려서는 안 될 중요한 사실이 있다. 올바른 발음으로 소리 내어 말해야 한다는 것이다. 미국아기들은 엄마 아빠와 주위에 있는 미국사람들의 영어 발음을 듣기 때문에 특별한 발음 수업을 받지 않아도 올바른 발음을 익힌다. 따라 말하기 공부법도 같은 원리다. 학습자는 미국 엄마 아빠 역할을 하는 외국인 성우의 발음을 들은 뒤에 바로 이어서 똑같이 따라 말한다. 듣자마자 바로 따라 말하기 때문에 당연히 영어의 소리, 리듬, 강세, 억양 등에 쉽게 적응하고 올바른 발음도 익힐 수 있다. 발음 기호를 찾아보거나 별도의 발음 연습을 할 필요가 없다.

프랑스에 있는 유명한 관광 명소인 에펠탑(Eiffel tower)을 예로 들어 보자. 에펠탑의 영어 발음은 [아이플 타워]다. 따라 말하기 공부법에서는 한국인 성우가 [에펠탑]이라고 미리 말해주고, 뒤이어 외국인 성우가 [아이플 타워]라고 들려준다. 학습자는 외국인 성우의 올바른 발음을 듣고 그 발음을 그대로 따라 하기 때문에, 에펠탑의 영어 발음인 [아이플 타워]를 자연스럽게 익힐 수 있다. 반면에 문자 학습으로만 에펠탑을 배우면 그 철자인 'Eiffel tower'는 알지만 그 소리를 알지 못한다. 그리고 눈으로만 공부를 하면 자기가 맞다고 생각하는 방식으로 발음하기 때문에 발음에 문제가 생긴다. 그래서 실제 대화에서 외국인이 [아이플 타워]라고 말하면 고개를 갸웃한다. 본인도 한국식 발음 그대로 [에펠타워]라고 말하기 때문에, 외국인도 무슨 말인지 못 알아듣는다. 소통이 안 되는 게 언어인가?

따라 말하기 공부법을 통한 발음 교정 효과는 중국어의 성조에도 적용된다. 성조는 중국어 단어가 가지고 있는 고유한 발음 방식인데, 성조를 어떻게 하느냐에 따라 단어의 의미가 완전히 달라진다. 중국어에서 가장 어려워하는 부분도 성조다. 그런데 중국 아기들이라고 해서 특별한 성조 수업을 받을까? 아니다. 성조는 소리의 영역이다. 중국 사람들의 소리를 많이 듣고 따라하면서 익히면 그만이다. 영어도 그렇고, 중국어도 그렇다. 올바른 소리를 듣고 직접 소리 내어 말하는 연습이 가장 효과적이다.

메뉴판이 중국어로 뭐였더라?

따라 말하기를 통해 중국어를 공부하던 초기의 일기다. 밥을 먹으려고 명동의 한 식당에 들어갔다. 메뉴판을 달라고 해야 되는데, 중국어로 말해보고 싶었다. 그런데 너무 갑작스러워서 그랬는지, 중국어로 뭐라고 말해야 되는지 떠오르지 않았다. 하지만 나는 대우 특이한 경험을 했다. 예전 같으면 메뉴판이 중국어로 무슨 단어일까라고 고민하며 단어를 머릿속에 떠올리기 위해 생각을 했을 것이다. 하지만 이때는 '이걸 중국어로 뭐라고 말하더라?'라고 속으로 생각하자마자 나의 입근육이 씰룩씰룩 움직였다. 입에서 말이 맴돈다는 표현이 가장 적합할 것이다. 그리고 입이 혼자 중얼거린 지 2초 뒤에, 나도 모르게 내 입에서 "칭원, 차이딴"이라고 말해버렸다. 내 몸이 그 말을 기억하고 있었기 때문이다. 밥을 먹기도 전에 채가 불렀고 기분이 좋았다. 따라 말하기 공부법은 실전에 강하다.

따라 말하기보다 쉬운 영어 공부법은 없다

따라 말하기가 좋은 이유는 단지 그 효과 때문만은 아니다. 배우는 과정이 쉽기 때문이다. 나는 이보다 쉬운 영어 공부법을 본 적이 없다. 따라 말하기는 ❶ 초간단, ❷ 초단기, ❸ 초저렴, ❹ 초월(시공간의 제약으로부터)이라는 4가지 장점을 갖고 있다.

초간단 – 어려운 문법공부와 암기는 이제 그만!

말 그대로 음성파일의 소리를 똑같이 따라 말하는 방식이기 때문에 너무나도 쉽고 간단하다. 이보다 더 쉬운 방법도 없을 것이다.

따라 말하기 공부법은, 문자 학습을 할 때처럼 번거롭게 손으로 글을 쓰지도 않는다. 오로지 소리에만 집중한다. 복잡한 문법을 배우지도 않고, 골치 아프게 문법에 맞추어 문장들을 분해하거나 조립하지도 않는다. 수많은 패턴들의 반복을 통해 문장구조들을 자연스럽게 익힐 뿐이다. 그래서 문법을 몰라도 문법에 맞는 문장을 구사할 수 있다.

아울러, 귀찮고 힘들게 외울 필요가 없다. 소리 학습을 반복하면서 몸으로 체득하고 장기 기억에 저장하기 때문에 굳이 외우지 않아도 오랫동안 기억할 수 있다. 몸으로 체득이 되었다는 사실은 실전에 부딪쳤을 때 확실히 알게 된다. 영어로 말을 해야 하는 상황이 오면 뇌에 저장되어 있던 이 영어 문장들은 입에서 저절로 튀어나온다.

따라 말하기 공부법은 학습자의 지능 수준과는 아무 상관이 없다. 머리가 나빠도 누구나 할 수 있다. 학력, 나이에 상관없다. 두 귀와 입단 있으면 누구나 영어를 배울 수 있다.

초단기 – 6원칙의 시너지 효과

6원칙을 적용한 따라 말하기 공부법은 6원칙의 개별 효과뿐 아니라 각 원칙들 간의 시너지 효과도 볼 수 있어 짧은 시간 투자한 것에 비하면 성과가 크다. 6원칙에 대해서는 다음 절에서 자세히 설명하기로 하고 여기서는 그 효과에 대해 간략히 짚고 넘어가자.

원칙 1 〈통문장〉   단어의 의미와 문장 내에서의 용법 그리고 올바른 문장 구조를 알게 된다.

원칙 2 〈패턴〉	문법공부를 안 해도, 올바른 문장구조를 알게 된다. 영어문장을 혼자 만들게 된다.
원칙 3 〈한국어 설명〉	영어 소리의 의미를 바로 알게 된다. 혼자서 의미를 유추할 필요가 없다.
원칙 4 〈상황몰입〉	집중력과 기억력을 높인다. 시간 낭비를 방지한다.
원칙 5 〈큰 소리〉	영어 발성을 통해 발음이 좋아진다. 몸으로 영어를 배운다.
원칙 6 〈반복〉	영어에 익숙해진다. 외우지 않아도 오래 기억한다.

초저렴 – 튼튼한 입과 귀만 있으면 OK!

음성파일을 듣고 따라하는 데 필요한 것은 오직 3가지뿐이다.

귀, 입, 음성파일이 있는 교재

귀와 입은 누구에게나 있다. 두 귀와 입이 정상적으로 작동하면 충분하다. 그럼, 음성파일이 있는 교재만 구하면 되는데 이것도 굳이 살 필요가 없다. 정부가 운영하는 구립/시립 도서관 등에서 교재와 음성 파일을 무료로 구할 수 있기 때문이다. 본인의 실력이 향상되어 새로운 책이 필요한 경우에도 도서관에 가서 빌려서 해결하면 된다(참고로, 도서관 활용법은 일반 서점에서 책을 찾는 방법과 동일하다. 도서관에 설치된 컴퓨

터로 검색하면 바로 찾을 수 있다. 다만 음성파일이 CD인 경우 책을 빌릴 때 CD를 같이 빌리거나 MP3 파일인 경우 출판사의 홈페이지에서 다운받을 수 있도록 책 속에 자세히 설명이 나와 있다.). 이렇게 학습을 할 경우, 실제 비용은 0원이다. 영어학원의 수업료나 해외 어학연수 비용을 생각해 보라. 얼마나 행복한가.

본인의 필요에 따라 교재를 구입할 수도 있는데, 이때는 책을 한 권 사면 그만이다. 고작해야 2만 원 안팎이다. 이 정도는 얼마든지 투자할 수 있다. 이 돈마저 아깝다고 생각되면 중고 서점을 활용하면 된다. 정가의 반값에 책을 구할 수 있다.

덧붙이자면, 해외 체류 경험 없이 한국에서 무일푼으로 영어를 잘하게 되었다는 사실 하나만으로도 본인의 스펙은 다른 사람들보다 몇 배 더 빛이 날 것이다.

(※ 한편 팟빵에서 '영어 버이비'를 검색하면 필자가 제작한 음성파일을 다운받을 수 있다. 이 음성파일은 2018년 7월 초 출간 예정인 패턴북과 연계하여 공부할 수 있도록 제작한 것이다.)

초월 – 때와 장소를 가리지 않는다

귀에 이어폰을 꽂고 핸드폰에 저장된 음성파일을 듣고 따라 말하면 끝이다. 휴대성이 뛰어나기 때문에 원하는 시간, 원하는 장소에서 공부가 가능하다. 특히 책과 책상을 이용하지 않기 때문에 사실상 시간과 공간의 제약이 없다. 인터넷 연결도 필요 없다. 산속이나 바다 위에서도 된다. 걸어가면서도 할 수 있고 등산하면서도 할 수 있다. 이동하는 차 안이나 지하철, 비행기도 좋다. 나는 출퇴근하는 지하철 안에서 중국어를 공부했다. 서서 해도 무방하다. 앉아도 괜찮다. 몸이 불편하면 누워서 하자. 장시간 모니터 사용으로 눈이 피로하면 눈을 감은 채로 한다. 본인에게 편한 자세로 공부하면 된다.

가장 중요한 것은 학습을 하겠다는 본인의 의지와 열정이다. 하고자 하는 의지만 있다면 언제 어디서나 할 수 있다.

발음이 좋은 이유

친한 친구 한 명이 서울에서 카우치서핑을 운영하고 있다. 카우치서핑은 본인이 살고 있는 집을 여행객에게 무료로 제공하는 서비스이다. 어느 날, 이 친구한테 전화가 왔다. 이번에 상하이에서 중국인 여행객 두 명이 와서 자기 집에서 묵을 예정인데 같이 밥을 먹자는 것이다. 한국에서 특별히 중국어를 말할 기회가 없는 나에게는 중국어를 활용할 수 있는 매우 좋은 기회여서 바로 동의했다.

그들과의 저녁 식사는 3시간이나 이어졌다. 그 정도로 대화가 재미있었다. 하지만 나는 그들의 영어 실력이 생각보다 좋아서 속으로 많이 놀랐다. 예전에 내가 중국어를 못하던 시절 상하이로 여행 갔을 때, 영어를 할 줄 아는 사람이 거의 없어서 너무나도 힘들었기 때문이다. 그때를 회상하며 "너희들 생각보다 영어를 잘한다."고 했더니, 지금은 중국에서 영어가 의무교육이 되었기 때문이라고 했다.

한편, 그들은 내가 중국어를 하는 모습에 흥미를 보였다. 나는 처음 만났을 때 그들에게 중국어로 말을 걸었는데, 그들은 내가 중국어를 할 수 있다는 사실에 크게 놀랐다. 그리고 저녁 식사 중에도 내가 어떻게 중국어를 공부했는지를 물었다. 나는 '따라 말하기' 학습법에 대해 간략히 설명해주었다. 나의 설명을 다 들은 중국인 친구의 말이 매우 인상적이었다.

"그래서 너의 발음이 좋은 거구나."

2장

따라 말하기의 효과를 높이는

6원칙

세 달 안에
성과를 만드는 6원칙

 따라 말하기 공부법의 효과를 어떻게 확인할 수 있을까? 내 경험에 따르면 '때가 되면 저절로 알게 된다'가 답이다. 나는 한 달째부터 귀와 입이 열리는 경험을 했다. 보다 뚜렷한 효과는 두 달이 지날 무렵에 찾아왔다.
 항아리에 물 채우기로 비유하자면 일정 기간이 지나면서 물이 흘러넘치는 때를 맞이한다는 얘기다. 일종의 터닝포인트다. 이 시기가 오는 건 사람마다 차이가 있다. 빠르면 두 달 안에도 온다. 그러나 주변의 지인과 학원 강습을 통해 확인한 바에 따르면 아무리 길어도 세 달을 넘기진 않더라.

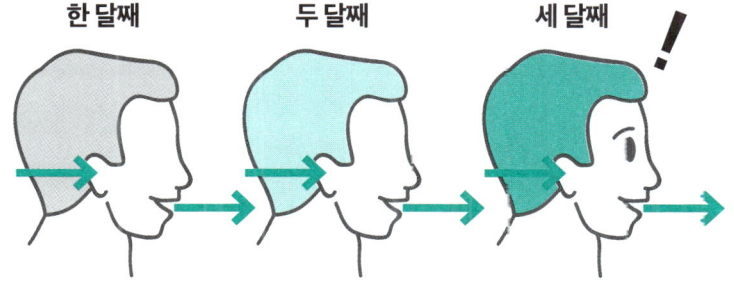

　세 달 가까이 꾸준히 공부를 이어가면 영어가 들리기 시작하고, 입술이 저절로 영어 문장을 중얼거리다가 기어이 영어 문장이 흘러넘친다. 의도하지 않아도 그동안 익힌 영어 문장들이 때와 장소를 가리지 않고 입에서 마구 튀어나온다. 나중에는 영어로 말을 하고 싶어서 안달이 난다. 지나가는 외국인만 봐도 다가가서 말을 걸고 싶어진다.

　이 원리는 영어뿐 아니라 모든 외국어 학습에도 적용할 수 있다. 그리고 현재 실력과 전혀 상관없다. 본인의 실력에 따라 교재의 난이도만 달라지는 것뿐이다.

　하지만 아무렇게나 다라 말한다고 세 달 만에 귀와 입이 열리는 건 아니다. 어떤 경우에는 매우 오랜 시간이 걸릴 수도 있고, 심지어 실패할 수도 있다. 따라 말하기의 효과를 극대화하기 위해서는 반드시 6원칙을 준수해야 한다. '6원칙 따라 말하기'는 시간과 노력에 대비하여 가장 효율적인 방법들만 압축해서, 인간의 언어 발달 과정을 고려하여 전략적으로 학습하는 방식이다. 따라서 어느 한 가지라도 소홀히 하면 학습 효과는 반감될 수 있다. 6원칙들이 톱니바퀴처럼 맞물려서 진행될 때 효과가 크고, 짧은 기간 안에 성과를 거둘 수 있다.

따라 말하기의 6원칙은 다음과 같다(줄여서 '통패한 상큰반').

❶ 통문장
❷ 패턴
❸ 한국어 설명
❹ 상황 몰입
❺ 큰 소리
❻ 반복

원칙 1. 통문장
: 공부의 기본 단위

단어만 외우면 안 된다

많은 사람들이 영어 단어를 죽기 살기로 외운다. 누구는 단어만 알아도 회화에 문제가 없다고 강조한다. 몇 개의 중요한 단어들만 말해도, 듣는 사람이 말하는 사람의 의도를 쉽게 유추할 수 있기 때문이다. 하지만 이것은 임시방편이다. 의사 전달에 한계가 있을 뿐 아니라 폼도 안 난다.

단어를 개별적으로 외울 때 생기는 문제는 많다. 먼저 단어 자체의 뜻은 알지만 그 단어가 문장 내에서 어떻게 쓰이는지 모른다. 예를 들어서, '책상에서 공부한다'라는 표현을 해보자. '책상'은 'desk'이고, '공부하다'는 'study'이다. 이 두 단어는 초등학생도 아는 단어다. 그런데

'책상에서 공부한다'라는 의미의 'study at desk'라는 표현은 쉽게 안 나온다. 'study'와 'desk'만 주구장창 외웠기 때문이다. 단어만 외웠기 때문에 쉬운 표현도 못한다. 뜻은 통할지 몰라도 어색한 문장을 만든다.

물론 예시로 든 '책상에서 공부하다'는 'study'와 'desk'라는 단어만 말해도 의사소통이 가능하다. 문장이 단순한데다 이 두 단어가 핵심 의미를 지니고 있기 때문이다. 하지만 의미가 다소 복잡하고 핵심 단어들이 많은 경우에는 단어만 열거해서는 정확한 의미를 유추하기 어렵다.

또 다른 문제는 각 단어의 의미는 다 알아도 문장 전체의 의미는 모를 수 있다는 점이다. 이 경험은 학창시절에 독해공부를 하면서 한 번씩은 느꼈을 것이다. 이런 현상이 나타나는 이유는 문장 내에서의 단어의 용법은 무시한 채 무작정 영단어의 사전적 의미만 외웠기 때문이다. 단어들이 서로 결합되거나 또는 단어가 특정 문장 구조에 사용될 때는 우리가 알고 있는 의미와 완전히 다른 의미로 쓰일 때가 있다.

예컨대 'in'과 'out'이 그렇다. 누구나 다 아는 단어다. 안과 밖. 하지만 'He was in and out of school.'이라는 문장을 보자. 모르는 단어는 없다. 그런데 '안과 밖'이라고 해석하면 무슨 말인지 헷갈린다. 실제 뜻은 '그는 학교를 들락날락거렸다.'이다.

단어를 외우려는 노력은 좋다. 그러나 단어 자체만 외우려고 하면 곤란하다. 문장 전체를 익혀야 한다. 또한 문장 내에서의 의미를 통해 단어를 배우면 그 단어가 단순기억이 아닌 감정기억이 되어 더욱 오래 기억하게 된다.

통문장으로 따라 말하기를 한다

통문장으로 익혀야 한다. 그래야만 단어들이 문장 내에서 어떻게 쓰이는지 정확히 알 수 있다. 단어들이 서로 어울려 문장을 이룰 때 더욱 의미가 명확해진다. 그리고 단어를 올바르게 사용할 수 있게 된다. 예를 들어보자. '예약'이라는 뜻의 'reservation'이라는 단어만 알고 있다. 이때 '예약해.'라는 말을 하려고 한다. 그런데 'do reservation.'이 맞는지, 'make a reservation.'이 맞는지 알 수 있나? 옳은 표현은 'make a reservation.'이다. 통문장으로 익혔다면 당연히 'make a reservation.'이 자연스럽게 나온다.

통문장의 더 큰 장점은, 다른 표현들까지도 덤으로 배운다는 것이다. 시간에 대해 배운다고 하면, 보통은 '7시'를 '7 o'clock'이라고 외우고 끝난다. 하지만 통문장 학습은 'I always eat breakfast at 7 o'clock.'과 같은 표현을 통해 '7 o'clock'을 익힌다. 그런데 학습자가 'always'라는 단어를 처음 접했다고 하자. 처음이기 때문에 생소하다. 하지만 반복학습을 통해 점차 익숙해진다. 다음 학습에서 또다시 'always'라는 소리를 듣게 되면 이제는 낯설지 않다. 추가적으로 한국어 설명을 통해 이 단어가 '항상'을 뜻한다는 것도 알 수 있으며, 동사 앞에 위치한다는 것도 깨닫게 된다. 이처럼 낯선 표현까지 저절로 익히는 효과가 있다.

더욱 놀라운 효과는, 학습자가 나중에 '7시'를 말하고 싶어 할 때 알게 된다. 이제 그의 머릿속에는 '7 o'clock'만 떠오르는 게 아니라 'I always eat breakfast at 7 o'clock.'이라는 문장 전체가 떠오른다.

이외에도, 영어에는 문맥에 따라 뜻이 달라지거나 문맥이 없으면 도저히 뜻을 알 수 없는 단어들이 많다. 우리가 굉장히 빈번하게 볼 수 있는 'have, get, take, make' 같은 동사들이 대표적이다. 예를 들어서 'take' 같은 경우는 '버스를 타다'의 'take a bus', 그리고 '돌보다'의 'take care of'의 용법이 완전히 다르다. 'take'의 의미만 외워서는 이 용법들을 이해하기가 힘들다. 문장 전체를 이용해서 익히는 것이 배우기도 쉽고, 말할 때에도 입에 착착 붙는다.

통문장은 연음의 발음 문제를 해결해주는 장점도 갖고 있다. 통문장으로 공부하면 단어 학습은 물론이고, 덩어리 학습을 통해 연음 현상도 해결된다. 하나의 영어 문장은 몇 개의 덩어리로 나뉜다. 이 덩어리 안에는 몇 개의 단어가 속한다. 이 단어들은 한 호흡으로 발음하는데 주로 기능어와 내용어가 한 묶음이 된다. 이때 덩어리 안에 있는 기능어의 경우, 강세 부분만 강하게 발음하고 나머지는 들릴락 말락 약하게 발음한다.

단어만 공부해서는 이 덩어리 개념에 대해 알 수가 없다. 그래서 말할 때도 단어들을 하나하나 또박또박 말하게 되고, 들을 때도 연음을 이해하지 못한다. 예컨대 'in the morning'에서 'the'를 넣어야 되는지 빼야 하는지 고민할 필요가 없다. 문장 내에서 항상 'in the morning'으로 쓰이는 것을 접했기 때문이다. 'the'가 빠지면 틀린 표현이라는 것을 스스로 알게 된다. 듣기도 마찬가지다. 말하는 사람이 앞의 'in the'를 아무리 작게 말해도 그 소리가 'in the morning'이라는 것을 쉽게 알 수 있다. 따라서 문장에 대한 이해도 훨씬 빠르다.

영어시험에 곧잘 출제되는 숙어도 일종의 덩어리 표현이다. 여러 단어들이 모여 하나의 의미를 만들기 때문이다. 통문장은 숙어의 골치 아픈 전치사와 관사들을 달달 외우지 않아도 쉽게 알게 해준다. '다르다'는 의미의 'different from'에서 'different' 다음에 'from'이 온다는 것을 굳이 외울 필요가 없다. 'I am different from you.'라는 통문장을 접하면서 이런 경우에는 'different'과 'from'이 같이 사용된다는 것을 익히기 때문이다.

한편, 따라 말하기로 통문장 학습을 하게 되면 정답을 맞히는 과정이 달라질 수도 있다. 'different'을 보는 순간 입에서는 'different from'이 저절로 나온다. 그래서 머리로 답을 찾는 게 아니라, 입으로 소리를 내어가며 정답을 찾게 된다. 만일 'different' 다음에 'with'가 있다면 'different with'를 발음하는 순간 이상하고 어색함을 느끼게 되어 문장이 잘못되었음을 깨닫게 된다.

원칙 2. 패턴
: 다양한 표현을 만드는 말 공장

　패턴은 영어 표현의 만능열쇠다. 먼저, 우리말과 어순이 다른 영어의 기본 문장구조를 빨리 익히게 도와준다. 그리고 하나의 문장 구조로 다양한 표현을 할 수 있게 해준다. 패턴을 익히면 모든 문장들을 일일이 다 외울 필요가 없다. 그때그때의 상황에 맞게 패턴을 응용하면 하고 싶은 말들을 다양하게 표현할 수 있다. 패턴은, 비둘기도 나오고 토끼도 나오는 마술사의 모자와 같다.

　만일 패턴이 아닌, 일반 회화 책으로 공부를 하면 어떻게 될까. 회화책은 특정 상황에서 저자가 알려주는 방식대로 말을 하도록 유도한다. 그런데 문제가 있다. 실제 상황은 책과 다르다. 책이 제시하는 방향대로 대화가 흘러가지 않는다. 예컨대, 회화책에서는 우리가 'How are you?'라고 물었을 때 상대방이 긍정적으로 반응할 것을 예상한 표현들이 정리되어 있다. 그런데 상대방이 부정적으로 대답하면? 또는 나의 목소리가 작거나 다른 소음에 묻혀서 상대방이 되물을 수도 있다. 기대한 답변이 나오지 않았을 때 어떻게 대응해야 하는가? 더 큰 문제는 책과 다른 상황이 전개되거나 화제가 전환되는 순간이다. 벙어리가 될 수밖에 없다.

그러면 패턴 대신 영어 원서나 미드(미국드라마)로 공부하면 어떨까. 원서와 미드가 좋은 이유 중 하나는 그 안에 수많은 문장들이 담겨 있기 때문이다. 많은 문장들을 접하면서 자연스럽게 문장 구조들을 익힐 수 있다. 하지만 원서나 미드에도 문제는 있다. 시간이 매우 오래 걸린다는 점.

일반적인 책이나 미드에서는 같은 패턴이 연속해서 나오지 않고 뒤섞여 있다. 이게 패턴인지 알기 위해서는 그만큼 많은 양의 미드를 봐야 한다. 물론 오래 보다 보면 하나둘씩 문장구조를 익힐 수 있다. 그런데 다들 시간이 그렇게 많은 건 아닐 것 같다. 나는 학습 시간을 절약하는 차원에서 패턴을 강조한다. 시간이 충분하고 중장기적으로 공부하겠다면 원서나 미드도 좋은 방법이 된다.

반면 패턴 중심으로 공부하면 시간 단축 외에도 중요한 장점이 있다. 일상생활에서 자주 쓰는 패턴은 그다지 많지 않다. 보통 200~300개의 패턴이 전부다. 따라서 이 패턴들을 우선적으로 배우면 영어 회화 실력이 빠르게 늘고 학습 기간도 크게 단축시킬 수 있다.

패턴 공부는, 본인의 수준에 맞추어 쉽고 짧은 것부터 시작하는 것이 중요하다. 복잡하고 긴 문장을 말한다고 해서 멋있는 게 아니다. 자신의 의도한 바를 명확하게 전달해야 멋있는 문장이다. 그리고 차근차근 단계를 밟아 올라가야 다음 단계의 패턴을 만나도 쉽게 익힐 수 있다. 어려운 문장부터 시작하면 금방 포기하게 된다. 다만 너무 쉬운 문장부터 하라는 뜻은 아니다. 복습한다는 마음으로 본인에게 부담 없는 레벨로 시작하는 것이 좋다.

아래는 패턴의 장점들이다.

문법 공부가 별도로 필요 없다

문법을 공부해야만 문법을 아는 것이 아니다. 올바른 문장들을 많이 접하면 저절로 깨우칠 수 있다. 우리도 어릴 때 우리말 문법을 먼저 공부하지 않았다. 수많은 한글 문장들을 통해 스스로 문법에 맞는 문장을 구사하게 된다. 보통 6세만 되어도 문법적으로 올바른 말을 하기 시작한다.

우리도 패턴을 이용해 이런 방식으로 문장 구조와 문법을 배울 수 있다. 문법만 파는 학원식 공부는 지양해야 한다. 문법이 매우 중요한 요소임은 틀림없다. 하지만 지금까지의 학교 수업처럼 문법만 별도로 공부하거나 문법의 공식만 주입식으로 암기해서는 안 된다. 복잡한 문법적 설명 없이도 비슷한 패턴의 예문 몇 개를 반복적으로 학습하면 그 구조에 대해 누가 가르치지 않아도 스스로 깨달을 수 있다. 암기할 필요도 없다. 그러면 문법적으로 분해하고 따지지 않아도, 본인도 모르게 올바른 문장들을 말하게 된다.

예컨대 비교급 문장을 살펴보자. 학교에서는 '비교급 + than'이라는 공식만 외운다. 안타깝게도 이것만으로는 실제 생활에서 비교급 문장을 말할 수도 없고 들리지도 않는다. 하지만 아래와 같은 비교급 패턴의 문장을 몇 개만 익히면, 비교급을 어떻게 사용하는지 쉽게 익힐 수 있다.

This test is easier than that test. 이 시험이 저 시험보다 쉽다.
You are heavier than me. 너는 나보다 무겁다.
His belt is longer than mine. 그의 벨트는 내 것보다 길다.

배우지 않은 문장들도 금방 만들 수 있다

패턴의 가장 큰 장점이다. 본인이 익힌 패턴들을 응용하여 새로운 문장들을 자유자재로 만들 수 있다. 예를 들어서 '나는 ○○에 있다'라는 의미의 'I am in ○○.' 패턴을 배웠다고 하자. 그러면 이 패턴을 응용해서 '나는 서울에 있다. / I am in Seoul.', '나는 제주도에 있다. / I am in Jeju-Do.'라는 표현을 스스로 만들 수 있다. 모든 문장들을 일일이 다 공부할 필요가 없다. 자신이 말하고자 하는 단어들만 빈자리에 넣으면 끝나기 때문에 영어 말하기가 훨씬 쉬워진다. 또한 본인의 실력으로 말하기 어려운 문장의 경우에도 본인이 알고 있는 패턴을 응용해서 우회적으로 표현할 수도 있다. 따라서 회화 학습에 가속도가 붙는다.

원칙3. 한국어 설명
: 영어 문장을 듣기 전에 반드시 한국어 설명부터

 따라 말하기를 위한 음성파일은 반드시 한국어 설명이 먼저 나오고 뒤이어 영어 문장이 나와야 한다. 이때 한국어 설명은 그냥 들으면 단순히 영어 문장의 해석 같지만 그보다 더욱 중요한 역할을 한다. 없어서는 안 될 약방의 감초와 같은 존재다.

 일단, 음성파일에 한국어 설명이 있는 것과 없는 것은 어떤 차이가 있을까. 영어를 듣고 따라 말하는 것은 동일하다. 그런데 한국어 설명 없이 영어 문장만 듣게 될 경우, 당연하게도 뜻을 알 수 없다. 의미를 모르는 상태에서는 소리만 달달달 외워봐야 아무 쓸모가 없다.

 이와 함께 한국어 설명은 상황을 설정해주는 힘이 있다. 이건 한국어 설명 자체에 그런 효과가 있다기보다는 듣는 내가 그런 상황으로 들어가야 한다는 것을 의미한다. 예컨대 음성파일에서 '우유 먹어'라는 한국어 설명이 나오면 우리는 이를 단순히 이어지는 영어 문장의 의미라고 받아들일 수 있다. 그러나 의미에서 그치지 말고, 이를 상황 설정이라고 가정하는 것이다. 예컨대 우리는 누군가에게 이런 말을 해야 하는 상황을 설정할 수 있다! 특정 상황을 만들어놓고 내가 그 안에서 영어로 연기를 하는 것과 유사하다. 그와 같이 심리적으로 준비된 상태에서 우리는 'Drink milk'라는 영어 소리를 따라 말하게 된다.

정리하면 우리가 음성파일을 통해 듣는 건 한국어 설명과 영어 문장 이렇게 두 가지이지만 심리적 준비 과정까지 감안하면 실제로는 다음과 같은 세 가지 과정으로 이루어진다.

❶ '우유 먹어'라는 한국어 듣기
❷ 우유를 먹으라고 말해야 하는 상황 상상(심리적 준비)
❸ 'Drink milk'라는 영어 문장 듣고 따라 말하기

이 3가지를 총체적으로 익혔기 때문에 누군가에게 '우유 먹어'라고 말해야 되는 상황이 오든 'Drink milk'라는 영어 문장을 바로 말할 수 있다. 굳이 머릿속에서 생각하지 않아도 나온다. 또한, 한국어 설명을 통해 'Drink'과 'milk'의 개별 의미와 용법도 같이 익히기 때문에 이를 응용해서 다른 문장들도 쉽게 만들 수 있다. 한국어 설명 없이 영어만 들었을 경우에는 이런 즉각적 반응이 거의 불가능하다.

미국 아기든 한국 아기든 처음 말을 배울 때에는 어떤 상황이 존재한다. '우유'라는 단어 하나만 별도로 배운 것이 아니다. 엄마가 우유를 주면서 '우유 먹어'라는 말을 할 때, 즉 상황과 소리의 결합을 통해 아기

는 우유가 무엇인지 알게 된다. 마찬가지로 우리도 상황을 통해서 영어를 배울 수 있다. 다만 우리가 늘 실제 상황을 만들 수 없기 때문에 상상력이 필요하다. 그래서 음성 파일에서 한국인 성우가 한국어 설명을 할 때 우리는 그 상황을 머릿속으로 떠올려야 한다. 굳이 디테일한 상황 상상은 필요 없다. 그저 내 앞에 외국인 한 명을 그려 놓기만 해도 충분하다. 상상의 외국인에게 '우유 먹어'라고 말하는 상황이라고 가정하면 그만이다.

이를 위해서 따라 말하기의 교재로 쓸 음성파일은 반드시 한국어 설명이 먼저 나오고 영어 문장이 뒤따라 나와야 한다.

순서를 이와 같이 지키는 데는 또 다른 유익이 있다. 한국어가 모국어인 우리들은 먼저 한국어로 의미를 떠올리고 그것을 영어로 전환하는 단계를 거쳐 영어 말하기를 한다. 대부분의 영어 말하기는 이 과정을 거친다. 초급자의 경우는 특히 더 그렇다. 음성파일의 순서를 '한국어 먼저, 영어 나중'으로 하는 이유도 이를 돕기 위해서다. 영어 문장이 먼저 나오면 생각의 방향이 달라서 학습 효과가 떨어진다.

한 가지 덧붙이자. 어느 정도 실력이 되면, 음성파일의 한국어 설명을 먼저 듣고 나서 약간의 공백이 있을 때 영어로 표현하는 연습을 하는 것도 좋은 방법이다. 뒤따라 나오는 영어 문장을 들으며 본인이 말한 영어 문장이 맞았는지 틀렸는지를 확인한다. 이때 영어 문장을 한 번 더 따라 말하면 실력은 차곡차곡 쌓인다.

참고로, 심리적으로 상황을 상상하는 연습은 이어지는 '원칙4'와 긴밀히 연결되어 있다.

원칙4. 상황 몰입
: 헛공부를 하지 않으려면

상황 몰입을 하는 이유는 크게 두 가지이다.

먼저 집중력을 높이기 위해서다. 집중해서 듣지 않으면 한 귀로 듣고 한 귀로 흘린다. 입이 소리를 그대로 따라 말해도, 정신은 다른 데 가 있으면 시간 낭비다. 따라 말하기의 효과를 하나도 얻을 수 없다. 실제로 이런 현상은 굉장히 자주 발생한다. 잠시라도 딴 생각을 하면, 뇌와 입이 따로 노는 신기한 현상을 경험할 수 있다. 특히, 음성파일의 짧은 공백 동안 순간적으로 다른 생각이 떠오르는 경우가 부지기수이다. 뇌는 음성파일이 나와도 계속 다른 생각을 한다. 신기하게 입은 무의식적으로 음성파일을 따라 말한다. 그래서 입으로는 따라 말했어도 무엇을 말했는지는 기억이 안 난다. 결국 배운 것도 없고 입만 아프다. 그렇기 때문에 항상 정신을 바짝 차리고 따라 말해야 한다.

이것을 도와주는 것이 상황 몰입이다. 한국어 설명을 통해 상황을 인식하고, 본인이 그 상황에 처해 있다고 상상해야 한다. 그래야 다른 생각을 안 하게 된다. 그 상태에서 가상의 상대방에게 영어로 말하는 것이 핵심이다. 상황 몰입을 하고 안 하고에 따라 집중도는 확연히 달라진다.

그러므로 '따라 말하기'를 하면서 다른 일을 같이 하면 안 된다. '따라 말하기'가 쉽다고 해서 설거지, 운전, TV 시청 등을 같이 하면 절대 안 된다. 몰입이 안 되기 때문이다.

상황 몰입을 하는 두 번째 이유는, 기억 효과를 높이기 위해서다. 학습한 내용을 오래 기억하기 위해서는 동작, 감정, 상황을 통해 새로운 자극으로 만들어야 한다. 이를 위해서는 한국인 성우가 말해주는 한국어 설명을 들으며 그 상황에 완전히 몰입해야 한다. 그래야 그에 맞게 제스처를 취할 수 있고 감정을 살릴 수 있으며 상황을 간접적으로 느낄 수 있다. 대사를 듣고 순간적으로 그 내용에 맞게 연기한다고 생각하면 된다. 그러면 따라 말하기가 새로운 놀이가 된다.

또한, 가상의 상대방이긴 하지만 상대방에게 직접 말하듯이 연습하기 때문에 상대방을 마주보고 말해야 하는 실제 영어 회화에도 금방 적응이 된다.

원칙5. 큰 소리
: 영어 체득의 핵심

   내가 영어공부를 시작하면서 큰 소리로 따라 말하기를 결심한 이유는 사실 유치했다. 외국인을 만나면 주눅이 들어서 기어가는 목소리로 말하는 것이 부끄러웠기 때문이다. 그래서 평소에 큰 소리로 말하는 연습을 하면 실제 상황에서 위축되지 않고 자신감 있고 당당하게 말할 거라고 믿었다. 그래서 외국인이 바로 눈앞에 있다고 생각하고 큰 소리로 따라 말했다. 가끔씩은 더 큰 소리로 하고 싶어서 늦은 저녁에 산에 올라가기도 했다. '영어의 득음'을 하고 싶었기 때문이다. 그럴 때마다 가수 휘성이 떠올랐다. 그도 밤마다 야산에서 노래 연습을 했다고 들었다.

   그런데 큰 소리 따라 말하기는 예상치 못한 효과들을 굉장히 많이 가져다주었다.

영어를 머리가 아닌, 온몸으로 익히게 해준다

여러분도 지금부터 큰 소리로 이 책을 읽어보자. 그리고 어떤 변화가 생기는지 직접 느껴보자. 큰 소리로 말을 하면 온몸으로 말을 하고 있다는 느낌을 받을 것이다. 정신과 신체가 함께 몰입한다. 동시에 말하기에 필요한 신체 근육들을 크게 사용하게 된다.

이를 영어 학습에 적용하면 엄청난 효과로 이어진다. 먼저, 영어 문장들을 큰 소리로 따라 말하면 소리에만 집중하느라 문법적 분해와 한국식 해석을 할 수가 없다. 사고를 중지시키는 것인데 이게 되게 중요하다. 언어는 머리를 써서 이해하고 배우려고 하는 순간 어려워진다. 그냥 운동처럼 실행을 통해서 익혀야 한다. 그래서 분석하고 해석하는 시간을 없애버리면 대신, 우리 뇌는 문장을 하나의 이미지로 받아들이게 된다. 영어를 영어로 받아들인다는 말이다. 아울러, 이 과정을 통해 우리 뇌는 그 문장들을 무의식적으로 인식한다. 이것이 지속적으로 반복되면 뇌는 그 문장들을 흡수시켜서 완전히 내 것으로 만든다.

이와 더불어, 영어 소리의 발음에 익숙해지도록 나의 몸을 훈련시키게 된다. 정확히 말하면 소리를 내는 데 필요한 입, 혀 등의 구강구조와 발성기관, 얼굴 근육 그리고 목, 가슴, 배 등이 영어 발음에 맞게 훈련된다. 큰 소리로 따라 말하면 말하기 위한 신체 부위들을 평소보다 훨씬 크고 넓게 쓰게 되는데 그렇게 훈련효과를 높이는 것이다.

이처럼 큰 소리 따라 말하기는 영어 말하기에 사용하는 뇌의 신경조직과 신체부위들을 이에 적합하도록 발달시킨다. 그리고 힘들게 암기하지 않아도 우리의 몸과 뇌가 영어를 습득하게 한다. 이렇게 훈련을 되풀이하다 보면 실전에 부딪쳤을 때 뇌와 몸이 무의식적으로 반응하여 영어가 튀어 나오도록 한다. 그래서 나는 큰 소리 말하기를 "온몸으로 영어를 배우는 방법"이라고 부른다. 몸으로 영어를 배우기 때문에 기억에도 오래 남는다.

　큰 소리로 따라 말하기를 하면 말이 입에서 맴도는 듯한 증상을 겪게 된다. '입에서 맴돈다'는 말은 뇌는 기억을 못하지만 입과 혀는 그 소리를 기억하고 있다는 의미이다. 몸으로 익혔기 때문에 생기는 현상이다. 가만 보면 우리도 우리말을 그렇게 배웠다. '말이 헛나왔다'는 표현이 이를 증명한다. 이 말은 나의 의도와 맞지 않는 다른 말이 나왔다는 뜻인데 입과 혀가 그 말을 무의식적으로 뱉었기 때문이다. 큰 소리 따라 말하기는 그래서 '온몸으로 영어를 배우는 방법'이 된다.

이보다 확실한 말하기 연습은 없다

　큰 소리로 따라 말하면 영어 소리를 발음하는 데 필요한 훈련이 가능하다. 큰 소리 말하기 자체도 훌륭한 발음연습이 된다. 영어는 그 고유의 발성 방식을 가지고 있다. 그리고 우리말에 없는 소리들도 많다. 우리는 영어 발음에 필요한 입 근육을 발달시키지 못했다. 안 써봤기 때문이다. 혀를 말아서 소리를 내야 하는 [r] 발음과 윗니로 아랫입술을 누르면서 소리를 내야 하는 [f]가 대표적인 예이다. 큰 소리로 말하면, 혀와 얼굴 근육 등을 단련시키기 때문에 발음이 훨씬 유창해진다. 심지어 큰 소리로 따라 말하기를 하고 나면, 우리말을 말할 때도 발성이 더 좋아진다. 연극배우들도 정확한 발음을 위해 큰 목소리로 발성하는 연습을 한다고 한다. 특히 초보자가 영어의 소리를 익히기 위해서는 큰 소리로 말하는 것보다 더욱 좋은 것은 없다. 발음이 나쁘거나 부드럽지 않다고 생각되면 특히 더 신경 써서 노력해야 한다.

우리는 그동안 영어공부를 하면서 실제로 소리 내어 말하는 연습은 거의 하지 않았다. 큰 소리로 영어를 따라 말하면, 그동안 못다 한 영어 말하기를 원 없이 해볼 수 있다. 물론 음성 파일을 듣고 따라 말하기 때문에, 본인이 하고 싶은 말은 아니다. 하지만 본인의 입에서 완전한 영어 문장이 흘러나오기 때문에 이것만으로도 신기하다. 시간이 좀 더 지나면 본인이 실제로 영어로 말하고 있다는 착각 아닌 착각도 한다. 게다가 이런 변화들은 공부를 시작한 지 얼마 안 되어 바로 느낄 수 있기 때문에 실력이 좋아지고 있다는 믿음도 생긴다. 기존에는 아무리 공부를 해도 실력 향상이 눈에 보이지 않아서 답답하지 않았는가.

큰 소리 따라 말하기는 다양한 2차 효과를 동반한다. 큰 소리로 말하는 것은 동시에 듣기 연습도 된다. 지금 큰 소리로 '아'라고 말해보자. 당연히 내 귀에도 '아'라는 소리가 들린다. 즉 말함으로써 한 번 더 듣게 된다. 그리고 큰 소리를 내다보니 가슴이 확 뚫리고 스트레스가 풀리는 느낌을 받는다. 뭔가 공부했다는 성취감도 느낄 수 있다. 자연스럽게 발표력도 향상된다. 집중도 잘된다. 뭔가를 읽다가 딴 생각이 든다면 큰 소리로 읽어보자. 집중이 훨씬 잘될 것이다. 심지어 에너지를 많이 소모하기 때문에 다이어트에도 효과적이다.

원칙6. 반복
: 놀라운 체험을 안겨주는 핵심스킬

 나는 '6원칙 따라 말하기' 공부법으로 영어와 중국어를 짧은 시간 안에 익혔다. 그런데 학습을 하는 동안 매우 빈번하게 겪었던 현상이 하나 있었다. 독자들도 하다 보면 매우 자주 겪을 것이다.

 음성파일을 듣는다고 해보자. 한국어 설명이 있기는 하지만 영어 문장들이 계속 흘러나온다. 개중에는 아는 문장이나 단어들도 있다. 하지만 난생 처음 들어보는 것들이 많아서 생소하기만 하다. 뒤로 갈수록 심해진다. 모르는 단어들과 연음 때문에 소리의 정체조차 파악하지 못한다. 당연히 따라 말하기도 힘들다. 뭉개지거나 '아바바' 하는 소리가 대부분일 것이다. 그래도 영어 소리는 쉴 새 없이 이어진다. 이렇게 하는 게 맞나? 머리가 혼란스럽다.

 그런데 시간이 흐르면 차츰차츰 소리에 익숙해진다. 그래서 따라 말할 수 있는 영어 문장도 점차 많아진다. 하지만 단순히 따라 말할 수는 있어도 그 소리들이 내 것이 되지는 않는다. 머리에 남는 게 없다. 그 순간만 따라할 뿐이고, 그 이후에는 전혀 기억이 안 난다. 한 귀로 듣고 한 귀로 흘려버린다. 어떤 소리들은 여러 번 반복해서 청취해도 도저히 알아들을 수가 없다. 다시 혼란이 가중된다. 포기하고 싶은 생각도 든다.

초급자일수록 더욱 빈번히 겪는 일이다. 나도 백지 상태에서 중국어 따라 말하기를 할 때는 거의 매일같이 의구심이 들었다. 포기하고 싶을 때가 많았다.

그런데 따라 말하기를 계속 하다보면 신기한 일이 벌어진다. 그렇게 안 들리고 정체 파악도 안 되던 소리들이 어느 순간부터 또렷하게 들린다. 그동안 안 들리던 그 문장이 맞나 싶을 정도다. 소리의 의미들도 마치 원래 알고 있던 것처럼 바로바로 연결된다. 그래서 '이상하다. 여기가 정말 그 부분이 맞아? 내가 파일을 잘못 듣고 있나?'라는 생각에 파일 이름을 다시 확인해보기도 했었다. 하지만 파일을 잘못 듣지는 않았다. 이런 현상은 굉장히 자주 반복되었다. 특히 새로운 챕터를 시작하면 생소한 소리들이 많아서 어리둥절할 수밖에 없다. 소리를 흉내조차 못 낸다. 그러면 또다시 포기하고 싶어진다. 이미 앞 챕터를 같은 방식으로 해냈음에도 불구하고 말이다. 그래도 그동안 공부한 게 아까워서 마음을 부여잡고 또다시 도전했다. 그러면 며칠 뒤에 여지없이 소리들이 깨끗하게 들린다. '이렇게 쉬운 게 그때는 왜 안 들렸지?'라는 생각마저 절로 든다.

그 원인을 곰곰이 생각해 보았다. 그 사이에 외국에 다녀온 것도 아니고, 그렇다고 특별히 공부를 더 열심히 하지도 않았다. 그런데 왜 갑자기 소리들이 또렷하게 들리고 원래 알던 문장처럼 느껴지는 것일까. 정답은 매우 간단했다. 그 비결은 바로 반복이었다. 돌이켜보면, 음성파일이 안 들릴수록 승부욕 때문에 더 집중해서 들었다. '기계도 아니고 사람이 말하는 소리인데, 같은 사람인 내가 못들을 이유가 없다'라고 생각했다. 그리고 이를 악물고 오기로 들었다. 물론 지금 당장 안 들리는 것을 바로 두세 번 더 듣는다고 해서 잘 들리는 것은 아니다. 한번 안 들리는 것은 다시 열 번을 되풀이해서 들어도 안 들린다. 중요한 건 포기하지 않고 다음 학습 시간에 반복해서 다시 들었다는 것이다. 그리고 다음 학습 시간에 또다시 들었다. 매일매일 꾸준히 들었을 뿐이다.

 이것이 반복의 힘이다. 그렇게 안 들리고 나를 괴롭혔던 소리들이 어느 순간부터는 선명하고 깨끗이 들린다. 이때의 성취감은 말로 표현할 수가 없다. 직접 느끼는 수밖에. 이런 현상이 반복되면서 성취감도 반복된다. 그래서 학습을 꾸준히 하도록 이끌어주는 원동력이 된다. 그리고 우리의 뇌는 엄청난 잠재력이 있다는 것도 함께 느낄 수 있다(※ 주의 : 본인의 실력보다 난이도가 매우 높은 경우에는 반복의 횟수가 굉장히 많아야 한다. 이런 경우에는 생각보다 훨씬 더 오랜 시간이 걸릴 수 있으므로, 실력에 맞는 교재 선택이 매우 중요하다.).

 열 번 찍어 안 넘어가는 나무 없다. 아무리 길고 복잡해도 반복 앞에는 장사 없다. 반복하면 결국 내 것이 된다. 자주 접촉을 안 해서 낯설 뿐이다. 안 해봤기 때문에 못하는 거다. 혀를 굴리는 [r] 발음도 안 해봤기 때문에 입에서 쉽게 나오지 않는다. 하지만 몇 번 하다 보면 누구나 다 할 수 있다. 처음 본 사람도 자주 보면 친해지듯이, 영어도 자주 보면 친해진다. 누군가가 'How are you?'라고 묻는다면 'Fine, thank you. And you?'라고 저절로 답할 것이다. 머릿속에서 이 영어 문장을 만들지 않아도 거의 조건반사적으로 입에서 튀어나온다. 그 이유는 어릴 때부터 하도 많이 접해서 익숙해졌기 때문이다. 중학교 1학년 이후로 영어공부를 한 적이 한 번도 없는데 무슨 소리냐고? 생각해보라. 중학생이 되어서 가장 큰 호기심을 가지고 공부하는 과목은 영어다. 그런 만큼 영어책도 자주 펴보면서 아무래도 다른 과목들보다는 조금 더 신경을 썼다. 그리고 이 표현은 교재의 맨 앞에 있기 때문에 영어 책을 펼치자마자 보게 된다. 이렇게 본인도 모르는 사이에 엄청나게 반복을 통해 습득했다.

뇌는 무언가를 꾸준히 하게 되면 자동적으로 이를 기억하고 나중에는 무의식적으로 한다고 한다. 우리가 지금 한국어를 쓰는 것도 그 결과물이다. 따라서 영어도 이렇게 무의식적으로 나오게 하면 된다. 그러기 위해서는, 귀로 반복해서 들으며 영어의 소리를 익힌다. 비슷한 구조의 문장들을 반복하면서 단어들과 해당 문장구조도 익힌다. 그리고 반복해서 따라 말한다. 이렇게 반복을 하면 외우지 않아도 체득이 되고, 체득이 되면 머리로 반응하지 않아도 뇌와 입이 무의식적으로 반응한다.

'따라 말하기'를 반복해서 영어가 저절로 튀어 나오는 현상은 우리가 노래를 흥얼거리는 것과 매우 흡사하다. 노래 한 곡을 좋아하게 되어서 그 노래를 자주 들었다고 하자. 머지않아 우리 입은 그 노래를 흥얼거린다. 또는 가만히 있어도 머릿속에 그 멜로디가 떠오른다. 이것을 노래 대신 영어로 바꿔 생각하면 된다. 영어라는 노래를 많이 들었기 때문에 영어를 흥얼거리고 필요한 상황에서 영어가 나올 뿐이다.

 반복을 많이 하면 가만히 있어도 영어가 막 튀어나온다. 지금 내가 처한 상황과 아무런 연관도 없는 단어와 문장들이 입에서 마구 쏟아져 나온다. 소리 내어 말하는 연습을 했기 때문에 입술이 가만있지 못하고 계속 씰룩거린다. 나뿐 아니라, 이 방법으로 공부를 한 주위 사람들 모두가 실제로 겪은 경험담이다. 그래서 나는 반복의 힘을 믿는다. 반복하면 뭐든지 다 된다. 외국어든 다른 기술이든, 모든 것에 적용할 수 있다.

 6원칙 중에서 가장 중요한 것을 하나만 고르라면 나는 주저 없이 반복을 꼽는다. 사실, 반복 하나만 잘 해도 영어는 충분히 잘할 수 있다. 하지만 무조건 반복만 해서는 시간이 오래 걸린다. 다른 5원칙들을 지키면서 반복했을 때 더욱 효율적인 학습이 되고 학습 기간을 확연히 줄일 수 있다.

 우리가 아는 것처럼 영어는 수많은 단어를 외워야 하고 복잡한 문법에도 해박해야 하며 오랜 시간 동안 받아쓰기를 통해 귀를 뚫어야 하는 학문이 아니다. 특별한 재능이나 소질이 필요하지도 않다. 가장 중요한 것은 반복이다. 반복의 차이가 실력의 차이다. 그래서 서울대 출신의 한국인 중에는 영어를 못하는 사람이 있지만 미국인 노숙자 중에는 영어를 못하는 사람이 없다. 반복적으로 노출되면 누구나 할 수 있다.

3장

6원칙을 적용한 따라 말하기 공부법

6원칙을 적용하여
실제로 따라 말하기를 해보자

6원칙을 따라 말하기에 적용해 보자. 다음은 6원칙 따라 말하기의 한 줄 요약이다.

"한국어 설명을 듣고 상황에 몰입한 상태에서, 뒤이어 나오는 통문장 패턴의 영어를 듣고 이를 큰 소리로 따라 말하는 것을 반복한다."

음성파일을 들으면서 위와 같은 방식으로 따라 말하는 게 핵심이다. 구체적인 방법은 어떻게 될까? 독자들이 이해하기 쉽도록, 앞에서 사용한 '우유 마셔. / Drink milk.'를 계속해서 예시로 들면서 설명을 이어가자.

"한국어 설명을 듣고"

⇒ 음성파일에 한국어 설명이 있는 교재를 선택한다.

교재를 선택할 때 음성파일이 어떻게 구성되어 있는지 반드시 확인하여 한국어 설명이 영어 문장보다 앞에 나오는 교재를 선택한다. '우유 마셔.'가 먼저 나오고, 'Drink milk.'가 뒤에 나오는 식이면 된다.

어떤 교재들은 한국어 설명 없이 영어 문장만 연이어 나오는 경우가 있다. 'Drink milk. Drink juice. Drink coffee.' 이런 식이다. 이럴 경우에는 뜻도 모른 채 무작정 따라 말해야 하기 때문에 학습 효과가 낮다. 또는 반대로 영어 문장이 먼저 나오고 한국어 설명이 뒤에 나오는 경우도 있다. 'Drink milk. / 우유 마셔.'의 순서다. 역순을 따르는 방식이 나쁘다고 말할 수는 없지만 권하지는 않는다. 가급적이면 한국어 설명이 먼저 나오는 교재를 선택한다.

참고로, 교재를 사기도 전에 음성파일을 어떻게 확인할 수 있을까? 생각보다 매우 쉽다. 대부분의 출판사들은 홈페이지에서 무료로 자료를 배포한다.

"상황에 몰입한 상태에서"

⇒ 한국어 설명을 듣고 그 의미를 이해한 뒤, 본인이 그 상황에 있다고 상상한다.

한국어 설명에서 '우유 마셔.'라고 들은 뒤에는, 본인이 이 말을 사용할 수 있는 상황을 머릿속에 떠올린다. 본인이 아기 엄마라면 아기에게 말하는 상황을 쉽게 상상할 수 있다. 아기가 없다면 지인이나 친척의 아기에게 말하는 상황을 떠올린다. 주위에 아기가 없다면, 친구에게 말하는 상황을 가정하자. 이러한 상상을 통해 그 순간의 감정에 몰입할 수 있다.

물론 초반에는 쉽지 않을 수 있다. 영어 문장이 낯선 경우에는 모르는 소리들이 많기 때문에 소리에 집중하느라 감정이입할 여유조차 없다. 특히 새로운 챕터나 파트를 시작하게 되면 더욱 그렇다. 이런 경우, 우리는 우선순위에 따라 상황 몰입을 잠시 뒤로 미루어야 한다. 따라 말하기의 최우선 순위는 소리를 정복하는 것이기 때문이다. 일단 완벽하게 따라 말할 수 있어야 한다. 잠시 감정 몰입을 생략한다. 소리를 완전히 익히고 따라하는 것에만 주력한다. 그리고 반복을 통해 소리가 익숙해지고 따라 말하는 것도 문제가 없으면, 그때 감정을 몰입해서 따라 말한다.

"통문장"
⇒ 교재의 예문이 통문장으로 되어 있어야 한다.

교재를 고를 때 이 원칙을 적용하면 된다. 통문장은 문장 전체를 의미한다. 교재에서는 문장의 일부분만 보여주면서 설명할지라도, 음성 파일의 예문은 반드시 통문장이어야 한다.

설령 단어를 집중적으로 공부한다고 할지라도, 단어만 줄줄이 나와 있는 교재는 활용도가 떨어진다. 단어 각각에 대한 의미가 나와 있는 것은 물론이고, 반드시 이 단어를 활용한 예문과 이에 대한 한국어 설명이 실려 있는 교재가 좋다. 예를 들면 'drink'라는 단어를 배울 때 아래와 같은 설명이 뒤따라야 한다. 그래야 단어도 익히고 예문도 같이 배울 수 있다.

예) Drink : 마시다. ⇒ 나는 아기에게 '우유 마셔'라고 말했다.
I told my baby 'drink milk!'.

"패턴"
⇒ 초급자들은 패턴북으로 시작한다.

이것도 교재 선정 단계에 해당한다. 초급일수록 패턴 교재를 선택한다.

예) (명령문에서 Drink의 용법)
- Drink milk. ⇒ 우유 마셔.
- Drink juice. ⇒ 주스 마셔.
- Drink coffee. ⇒ 커피 마셔.
- Drink water. ⇒ 물 마셔.
- Drink coke. ⇒ 콜라 마셔.

초급자라면 대화 형식으로 구성되어 있는 회화책은 피한다. 이런 책들은 스스로 말할 수 있는 능력을 키우는 데 한계가 있다. 하고 싶은 말을 스스로 영어로 표현하는 연습이 아니기 때문이다. 초급자일수록 패턴을 활용하여 직접 영어 문장을 만들어 말하는 연습을 해야 한다.

한편, 초급자가 아닌 경우 또는 단어를 집중적으로 공부하는 경우에는, 패턴이 아니어도 상관없다.

"큰 소리로 따라 말하는 것"
⇒ 음성파일의 영어 문장을 2미터 앞에 있는 사람이 들을 수 있을 정도로 크게 말한다.

음성파일에서 영어 문장의 소리를 들으면 바로 이어서 따라 말한다. 이때 두 가지 방식으로 따라 말할 수 있다. 입을 작게 움직이면서 중얼중얼거리며 할 수도 있고 또는 아예 소리를 안 내고 입만 움직이면서 할 수도 있다. 하지만 큰 소리를 내며 입으로 따라 말해야, 발성기관을 영어 말하기에 적합하도록 효과적으로 훈련시킬 수 있다. 특히 입, 목 그리고 혀를 가용 범위 안에서 최대한 움직이면서 영어 발음에 길들여야 한다. 그렇다고 소리를 지르라는 것은 아니다. 2미터 앞에 있는 사람이 잘 들을 수 있도록, 배에 힘을 주고 평소보다 좀 더 크게 말하면 충분하다. 소리가 너무 크면, 소리 지르는 것에 신경 쓰느라 뇌가 영어를 제대로 받아들이지 못할 수도 있다.

한편, 언제 따라 말해야 하는지의 문제도 생각할 수 있다. 영어 문장을 다 듣고 끝난 이후에 따라 말할 것인가 아니면 영어 소리를 듣자마자 바로바로 이어서 따라 말할 것인가? 영어 문장의 길이가 짧은 경우에는, 다 듣고 나서도 따라 말하기가 가능하다. 하지만 문장이 긴 경우에는 앞부분을 까먹기 쉽다. 이때는 영어 소리를 듣자마자 바로 뒤이어서 따라 말해야 한다. 그러므로 애초부터 영어소리를 들으면서 바로바로 뒤따라 말하는 습관을 들이는 것이 좋다.

"반복"
⇒ 듣자마자 반복, 다음 학습시간에 또 반복, 주간 단위와 월간 단위로 또다시 반복한다.

6원칙 중에서 가장 중요한 것이 반복이다. 반복은 4가지 종류가 있다.

❶ 듣자마자 반복
이것은 영어 문장 하나에 대한 반복이다. 방금 따라 말한 영어 문장을, 다음 문장이 나오기 전의 공백 동안 계속 반복해서 따라 말한다. 최소 2회 반복이 가능하다. 아래 예시를 보면 이해가 빠를 것이다.

예) ※ 교재 예문
- Drink milk. ⇒ 우유 마셔.
- Drink juice. ⇒ 주스 마셔.
- Drink coffee. ⇒ 커피 마셔.

※ 음성파일의 소리

일. 우유 마셔……Drink milk……이. 주스 마셔……Drink juice……삼. 커피 마셔……

※ 학습자 : 2회 반복

일. 우유 마셔……Drink milk…(*Drink milk, Drink milk*)… 이. 주스 마셔…… Drink juice… (*Drink juice, Drink juice*)… 삼. 커피 마셔……

그런데 영어 소리에 비해 공백이 짧아서 문장 전체를 두 번 따라 말할 수 없는 경우도 생긴다. 이때는 1회 반복하고 2회째에는 그 패턴에서 가장 중요한 부분만 따라 말한다. 예를 들어서, 영어 문장은 "I told my baby 'drink milk!'."라고 해보자. 처음에는 "I told my baby 'drink milk!'."라고 문장 전체를 따라 하고, 두 번째에는 핵심 패턴인 'drink milk'만 따라 말한다. 혹시 핵심 패턴이 어디인지 모르겠다면 기억나는 부분이나 할 수 있는 부분이라도 반복한다.

❷ 다음 학습 시간에 또 반복

한 개의 음성파일 전체에 대한 반복이다. 기본적으로 모든 음성파일은 매 학습마다 반복해서 듣는다. 하지만 반복 횟수는 한 번씩 줄여 간다. 예를 들어서 하루에 오전/오후 2차례 학습을 한다고 가정하자.

1일차 오전에는 1번 파일을 3회 듣는다. 오후에는 1번 파일을 2회만 듣고, 그 다음 파일인 2번 파일을 3회 듣는다.

2일차 오전에는 1번 파일을 1회만 듣고, 2번 파일은 2회만 듣는다. 2

일차 오후에는 2번 파일을 1회 듣고, 그다음 파일인 3번 파일을 3회 듣는다.

이처럼 음성파일의 반복 횟수를 3회⇒2회⇒1회로 줄여가면서, 먼저 들은 음성파일은 제외하고 남는 시간에 새로운 파일을 3회 반복한다.

: 회차별 반복 횟수 :

1일차 오전	1번 파일 3회		
1일차 오후	1번 파일 2회	2번 파일 3회	
2일차 오전	1번 파일 1회	2번 파일 2회	
2일차 오후		2번 파일 1회	3번 파일 3회
3일차 오전			3번 파일 2회	4번 파일 3회
3일차 오후			3번 파일 1회	4번 파일 2회

이와 같이 하면 각 음성파일을 2일에 걸쳐 6회 반복해서 듣게 된다.

❸ 주간 단위와 월간 단위 반복

1주일간 그리고 1개월간 학습한 음성파일 전체에 대한 반복이다. 에빙하우스의 망각곡선에 토대를 둔 학습법에 따르면 학습한 내용을 장기기억으로 보내려면 일정 간격으로 복습해야 한다. 방식은 동일하다. 하지만 기간이 길어질수록 누적 학습량이 많기 때문에 오전과 오후에 각각 1~2회만 반복한다. 따라서 평일보다는 주말과 같은 휴일을 활용한다.

이렇게 해서 6원칙을 '따라 말하기' 학습에 적용하는 방법을 알아보았다. 이를 학습 단계별로 정리하면 아래와 같다.

① 교재 선택
- 음성파일에 한국어 설명과 영어 문장이 있으며, 한국어 설명이 영어 문장보다 앞에 나와야 한다.
- 영어 문장은 통문장이어야 하고, 초보자일수록 패턴북을 선택한다.

② 따라 말하기
- 한국어 설명을 듣고 상황에 몰입한 후에, 영어 문장을 듣고 큰 소리로 따라 말한다.

③ 학습 진행
- 영어 문장을 듣자마자 2회 반복한다.
- 한 번 들은 음성파일은 다음 학습시간에 횟수를 줄여가며 반복한다(3회 ⇒ 2회 ⇒ 1회).
- 학습한 음성파일은 주간과 월간 단위로 반복한다.

따라 말하기
최종 정리

앞에서부터 줄곧 따라 말하기에 대해서 설명했다. 여기서는 최종적으로 정리하는 차원에서 따라 말하기의 핵심을 다시 점검하자. 따라 말하기는 다음과 같이 3단계로 구분된다.

1) 한국어 설명 듣기

⇒ 가볍게 듣고 의미만 이해하면 된다.

특별히 할 건 없다. 뒤에 나오는 영어 문장의 뜻일 뿐이다. 처음에는 오직 영어 소리에만 집중한다. 반복 학습을 통해 영어 문장의 소리를 잘 따라 말할 수 있게 되면 그 다음부터는 상황 몰입을 시도한다. 즉 한국어 설명을 듣는 동시에 '내가 이 문장을 지금 말해야 하는 상황이다'라고 상황을 상상하면서 감정에 몰입한다. 그 상태에서 영어 문장을 들은 직후 가상의 누군가에게 영어로 말하듯이 큰 소리로 따라 말한다.

한국어 설명만 듣고도 바로 영어 문장이 떠오르는 경우도 있다. 그때는 이어지는 영어 문장을 기다릴 필요 없이 바로 그 영어 문장을 말한다. 이어폰을 통해 뒤이어 나오는 영어 문장을 들으며 맞는지 확인한다. 이 수준이 되었다면 영어가 나의 것이 되어가고 있다는 증거다.

2) 영어 문장 듣기

❶ 소리에만 집중한다

지금은 영어의 '소리'에 익숙해지는 시간이다. 신경을 곤두세우고 이어폰에서 흘러나오는 소리에 집중한다. 이때 소리란 발음은 기본이고, 리듬, 강세, 뉘앙스까지도 포함된다. 물론 뭐가 발음이고, 뭐가 강세인지 구분하며 들을 필요는 전혀 없다. 외국인 성우를 그대로 따라 말하는 게 목적이므로 소리를 최대한 똑같이 기억하는 데 집중한다. 혹시 주변 소음 대문에 소리가 잘 안 들리면 귓등을 양손으로 누른 상태에서 듣는다. 굉장히 또렷하게 들린다.

❷ 절대, 문법적 분해를 하지 않는다

문법은 일단 무시한다. 우리나라 사람들은 무의식중에 영어를 문법적으로 분해하려는 습관이 있다. 그런데 이 작업을 하느라 정작 가장 중요한 소리를 놓치게 된다. 그리고 영어 문장들이 연속해서 나오기 때문에 일일이 다 분해할 수 없다. 결국 소리도 못 듣고 분해도 못 한다. 두 마리 토끼를 다 놓치는 셈이다. 사람들이 가장 많이 하는 대표적인 실수다.

통문장과 패턴을 익히면 스스로 문장구조를 깨닫게 된다. 문법은 저절로 따라온다. 부디 문법 걱정은 주머니에 넣어두고 소리에만 집중하자.

의미 파악도 무시하자. 제일 중요한 3가지는 첫째도 소리요, 둘째도 소리요, 셋째도 소리다. 다시 한 번 말하지만 이것은 문자 학습이 아닌 소리 학습이다. 오로지 소리를 이용해서 영어를 배우는 방법이다. 음성파일에서 나오는 영어 소리를 잘 듣고, 그 소리를 복사기처럼 똑같이 따라 말하는 것이 핵심이다. 문장구조를 얼마나 잘 이해했는지는 전혀 중요치 않다. 본인도 모르게 머리가 문법적 분해를 하고 있을지 모른다. 만일 그렇다면 당장 분해 작업을 멈추고, 소리에 집중하도록 한다.

❸ 집중하지 않으면 한 귀로 흘러 나간다

가장 빈번한 실수다. 음성파일을 듣는 동안에 본인도 모르게 딴 생각에 빠진다. 그러면 입과 뇌가 따로 논다. 입으로는 따라 말하기를 수행하고 있을지 모른다. 그러나 뇌는 무슨 소리인지, 무슨 뜻인지 전혀 기억하지 못한다. 신기루처럼 사라진다. 이것은 단순한 발성 연습에 불과하다.

음성파일을 듣는 동안은 절대 다른 생각에 빠지지 않도록 해야 하며, 오로지 소리에 집중하는 것이 중요하다. 외우라는 것이 아니다. 그냥 집중하면 된다.

3) 영어 문장 따라 말하기

❶ 바로 이어서 따라 말한다

예를 들어 음성파일에서 다음과 같이 음성이 흘러나온다고 가정해 보자.

> 음성파일 : 너는 영어 공부를 해야 해……You should study english(유 ㅅ터디 잉글리쉬)

이때 외국인 성우가 'You'라고 말하는 순간, 바로 이어서 '유'라고 따라 말한다. 그 사이에 외국인 성우가 그 다음 소리인 'should'을 말하면, 또다시 바로 이어서 '슛'을 따라 말한다. 이것을 그림으로 표현하면 아래와 같다.

음성파일	유	숫	ㅅ터디	잉글리쉬
학습자	유	숫	ㅅ터디	잉글리쉬

설명은 복잡해 보이지만 실제로 해보면 전혀 어렵지 않다. 쉬울뿐더러 재미도 있다.

❷ 최대한 똑같이 따라 말한다

당신은 복사기다. 스리는 물론이고 속도, 리듬, 강세, 발음, 뉘앙스까지 모든 것을 그대로 똑같이 따라한다. 발음만 똑같아서는 안 된다. 강세만 똑같아서도 안 된다. 모든 걸 그대로 똑같이 따라 말하는 게 핵심이다. 혹은 외국인 성우가 말하는 영어를 노래라고 생각하고, 음정, 박자, 멜로디, 발성까지 똑같이 따라 말한다.

이를 위해서는 자기만의 방식을 버려야 한다. 'school'의 경우, 외국인 성우는 앞의 's'를 스쳐가듯이 [ㅅ쿨]이라고 발음한다. 그러면 학습자도 똑같이 [ㅅ쿨]이라고 말해야 한다. 내가 아는 단어라고 생각해서 평소에 말하는 대로 [스쿨]이라고 말하면 안 된다. 가장 흔한 실수 중 하나다. 외국인 성우가 [r] 발음을 하면서 혀를 굴리면, 학습자도 똑같이 혀를 굴린다. 어떻게 해야 그런 소리가 나는지 모르겠다면 입과 혀를 조정해가며 최대한 비슷하게 흉내라도 내본다. 도저히 흉내가 어렵다면 지금 할 수 있는 만큼만이라도 해본다. 계속 따라하다 보면 어느 순간에는 저절로 그쳐진다. 아기들도 처음 말을 하기 시작하는

3~4세에 종종 틀린 발음으로 말하지만 5~6세가 되면 올바른 발음으로 말한다.

❸ 큰 소리로 따라 말한다

당신이 가능한 모든 상황에서 최대한 많이 큰 소리로 연습하라. 배에 힘을 주고 당당하게 따라 말하면 된다. 2미터 앞에 있는 사람이 충분히 알아들을 수 있는 크기가 좋아 보인다. 아마 30분만 지나도 입이 아플지 모른다. 좋은 현상이다. 그만큼 제대로 훈련했다는 뜻이니까.

물론 큰 소리에 신경 쓴 나머지 소리 자체를 놓치면 곤란하다. 그래서 더욱 처음일수록 집중이 필요하다.

여건상 큰 소리를 내기 곤란한가? 그래도 방법은 있다. 큰 소리를 내는 것과 동일하게 크게 입을 벌리며 흉내를 내되, 소리만 내지 않는다. 발성을 생략한 것이지만 그래도 입근육과 뇌에는 자극이 간다. 속으로만 중얼거리는 것보다는 훨씬 효과가 좋다.

❹ 최대한 많이 반복하자

한국어 + 영어의 한 세트가 끝나면 다음 세트가 나오기 전까지 공백이 있다. 그동안 영어 문장을 최소 2회 이상 따라 말한다. 그렇게 2회 이상 반복해야 완벽하게 정복했다는 느낌을 받을 것이다.

귀가 아니라
머리를 뚫어야 들린다

"영어의 귀를 뚫어라."

영어를 공부하는 사람이라면 반드시 마주쳐야 하는 필연적인 과제이다. 외국인이 말하는 영어 소리는 한국인에게는 난공불락의 요새와 같다. 나도 예전에 외국인의 영어 발음을 도저히 알아듣지 못할 때마다 '이렇게 불분명한 발음으로 말하는 미국 사람들은 어떻게 서로 대화를 할 수 있으며, 어떻게 세계 최강의 나라를 만들 수 있었을까?' 생각하며 난감해했다.

아무리 애를 써도 들리지 않는 영어 소리 때문에 오래전부터 별의별 속설들이 많았다. '최소 수천 시간을 들어야 한다', '테잎 뽀개기를 해야 한다', '받아쓰기를 하면 금방 들린다' 등등. 그래서 사람들은 고통을 견뎌가며 받아쓰기를 하거나 오랜 시간 영어만 주구장창 듣는다. 혼자 힘으로도 안 되면 나중에는 영어 학원의 리스닝 전문 과목도 수강해 본다. 하지만 아무것도 달라진 게 없다. 여전히 '쌀라쌀라'다. 오히려 이어폰을 귀에 꽂고 큰 소리로 오래 듣다보니 청력만 망가지는 느낌이다. 아무리 반복해서 들어도 정체조차 파악되지 않는 영어의 소리는 스트레스와 답답함만 가중시킬 뿐이다.

이것은 우리가 중요한 사실을 간과하고 있기 때문에 생기는 해프닝이다. 영어는 원래 잘 안 들리는 언어다! 애초부터 안 들리도록 발음하기 때문에 우리가 아무리 노력을 해도 들을 수 없는 것이다.

영어와 한국어는 여러 면에서 다르지만 발음하는 방식도 많이 다르다. 한국어는 음절 박자 언어(Syllable-timed language)다. 그래서 음절 하나하나를 또박또박 읽어야 한다. 그리고 강세가 없기 때문에 각 음절을 동일한 강도와 시간으로 읽어야 한다. 하지만 영어는 전혀 그렇지 않다. 우선 한국어와 소리를 내는 방법부터가 다르고, 한국어에 존재하지 않는 소리들도 많다. 하지만 무엇보다도 발음 측면에서 영어가 한국어와 가장 큰 차이점은 영어가 강세 박자 언어(Stress-timed language)라는 점이다.

강세 박자 언어인 영어는 모든 음절을 동일하게 발음하지 않는다. 문장에서 중요한 의미를 담고 있는 명사, 동사, 형용사, 부사 등의 내용어(Contents words)들은 강하고 분명하게 발음한다. 반면에 특별한 의미 없이 문법적 기능을 수행하는 관사, 접속사, 전치사 등의 기능어(Function words)들은 약하게 발음한다. 그리고 내용어라 할지라도, 내용어의 모든 음절들을 다 강하게 발음하는 것이 아니다. 그 단어 안에서 강세가 있는 음절만 강하게 발음하고 다른 음절들은 약하게 발음한다.

　이와 같은 발음의 강약 때문에 영어는 덩어리 위주로 발음을 해야 한다. 의미 단위에 맞춰 기능어와 내용어를 하나의 덩어리로 묶는다. 그리고 이 덩어리 안에 있는 내용어의 강세 부분만 강하게 발음하고 나머지는 약하게 발음한다. 이러한 이유로 흔히 영어를 덩어리 언어라고 부르는데, 이 덩어리 현상 때문에 우리가 그토록 싫어하는 영어의 연음이 존재하는 것이다.

　구체적으로 예를 들어, '아침에'라는 뜻의 'in the morning(인더모닝)'을 발음한다고 해보자. 한국 사람들은 음절 박자 언어에 익숙하기 때문에, '인-더-모-닝'이라고 음절 하나하나를 또박또박 발음한다. 하지만 영어는 강세 박자 언어이기 때문에 이렇게 발음하면 안 된다. 'in the morning(인더모닝)' 중 '에서'라는 의미를 가지고 있는 기능어인 'in the(인더)'는 약하게 발음한다. 그리고 핵심 내용어는 'morning(모닝)'이기 때문에 '모닝'만 강하게 발음한다. 이때, '모닝'의 강세는 '모'에 있기 때문에 '모'만 강하게 발음하고 '닝'은 약하게 발음한다. 전체적으로 보면, 발음은 '인더모닝'이 된다. '모'만 강하게 발음하는 것이다.

　영어가 모국어인 외국인들은 '인더모닝'라는 소리만 들어도 이 소리가 'in the morning'이라는 것을 바로 알 수 있다. 왜냐하면 그들은 수년, 수십 년간 영어를 접하면서 '인더모닝'의 소리와 'in the morning'이라는 문장 혹은 의미를 결부시켜 써왔기 때문이다. 따라서 '인더'와 '닝'의 소리가 매우 작거나 불분명해도 그들은 앞뒤에 '인더'와 '닝'이 숨어 있고, 그 뜻은 '아침에'임을 쉽게 안다.

　하지만 우리는 '인더모닝'이라고 들으니까 이게 무슨 소리인지 모른다.

'인-더-모-닝'이라고 들으면 쉽게 알아차릴 것이다. 그런데 원래 안 들리도록 발음하는 '인더'와 '닝'의 소리를 끝끝내 듣겠다고 발버둥 친다.

영어는 이처럼 원래 잘 안 들리도록 발음하는 언어다. 그러면 안 들리는 소리를 어떻게 듣는가 하는 게 문제가 되는데 이미 알고 있기 때문에 들리는 것이다. 이 말의 의미를 잘 이해하기 바란다.

"이미 알고 있기 때문에 들리는 것이다."

바꿔 말하면, 우리가 영어의 표현을 모르기 때문에 못 듣는 것이다. 그래서 이 문제는 두 언어의 발음이 달라서 발생한다기보다는, 우리가 영어에 대한 노출이 부족하기 때문에 발생한다고도 설명할 수 있다.

이것은 우리말을 통해서도 설명이 가능하다. 만일 여동생이 오빠의 얼굴을 바라보며 '오'의 발음을 매우 약하게 하고 '빠'만 강하게 발음한다고 해보자. 그 소리는 '오빠'로 들릴 것이다. 그런데 한국 사람이라면 대부분 이 소리를 '오빠'로 듣는다. 왜냐하면 우리는 관습적으로 이 소리는 '오빠'라는 것을 이미 알고 있기 때문이다. 우리가 대화할 때 상대방의 한국어 발음이 부정확해도 그의 말을 이해할 수 있는 이유도 동일하다. 우리는 한국어를 잘 알고 있기 때문에 상대방의 소리가 작거나 틀리거나 중간중간 생략될지라도 다 알아 듣는다.

한 가지 예를 더 들어보자. 예전에 'can'과 'can't'의 발음 차이를 배울 때, 둘 다 [캔]이라는 소리는 동일하지만 부정의 의미인 'can't'은 좀 더 강하게 발음하고, 긍정의 의미인 'can'은 좀 더 약하게 발음한다고 배웠다. 하지만 실제로 외국인 중에서도 발음의 강약만으로 두 표현을 구별할 수 있는 사람은 거의 없다. 소리의 강약에 의해 구별하는 것이 아니라 문맥과 상황으로 구별하기 때문이다.

"나는 배가 매우 고파. 하지만 먹을 수 ___." (있다 / 없다)

일반적인 상황에서, ___에 들어갈 말은 무엇인가? 한국 사람이라면 누구나 '없다'라는 것을 안다. 왜냐하면 문맥상 '없다'가 쓰여야 말이 되기 때문이다. 따라서 '없다'를 발음할 때 불분명하게 말해도 우리는 그 소리가 '없다'라는 것을 쉽게 알 수 있다.

영어도 마찬가지다. 외국인이 아래와 같이 말했다고 하자.

"I am very hungry, but I [캔] eat."

여기서 외국인이 발음한 [캔]은 'can'과 'can't', 둘 중에 어떤 것일까. 위에서 설명한 것과 같은 이유에서, [캔]은 'can'이 아닌 'can't'이다. 문맥상 'can't'이 오는 게 자연스럽기 때문이다. [캔]을 강하게 발음해서 'can't'이 되는 게 아니다. 따라서 듣기 연습을 할 때 'can'과 'can't'의 소리를 정확히 구별할 수 없다고 한숨만 푹푹 쉴 필요가 없다. 말하기를 할 때도 'can'과 'can't'을 다르게 발음하는 것은 큰 의미가 없다. 굳이 다르게 발음하지 않아도 문맥이 어떤 단어인지 알려주기 때문이다.

결론적으로, 영어를 잘 듣기 위해서는 뚫어야 할 것은 귀가 아니라 머리다. 이미 알고 있는 영어가 많아야 잘 들을 수 있다. 누군가는 많이 들었더니 귀가 뚫렸다고 말하기도 한다. 착각이다. 다른 방식으로 공부를 같이하면서 동시에 영어 표현에 익숙해졌기 때문에 영어가 들린다. 듣기 하나만 해서는 불가능하다.

　따라서 들리지 않는 소리를 듣겠다고 이를 악물고 받아쓰기를 하거나 무조건 오래 듣는 것은 시간 낭비다. 그 시간에 올바른 영어 문장들을 많이 접하는 것이 영어를 잘 듣기 위한 최고의 방법이다.

한국 사람들을 위한
원포인트 발음 교정

　이왕 발음 이야기가 나온 김에 효과적인 발음법을 알아보자. 총 3가지 팁이다.

첫째, 발음에 너무 신경 쓰지 말자

　영어 발음이 좋아야 영어를 잘하는 것처럼 보이는 것은 사실이다. 하지만 그렇다고 해서 혀의 위치와 입을 벌리는 방법까지 따로 공부할 필요는 없다. 따라 말하기를 통해 혀를 이렇게도 해보고 저렇게도 해보고 또 강약조절도 하면서 자연스럽게 익히면 된다. 아이들도 엄마 아빠의 구강구조와 혀의 위치를 살펴보며 말을 배우지는 않는다. 단순히 따라 말했을 뿐이다.

　엄밀히 말하면 우리말에도 소리의 길고 짧음이 있다. 먹는 '밤'과 저녁 이후의 '밤', 그리고 얼굴의 '눈'과 겨울에 내리는 '눈'은 소리의 길이가 다르다. 하지만 실제로 길이를 조절해서 말하는 한국인이 과연 있을까. 만일 우리말을 배우는 외국인이 이 부분에 많은 시간을 할애한다면 이를 지켜보는 우리로서는 많이 안타까울 것 같다.

　발음은 영어 학습에 있어서 최우선 순위는 아니다. 오히려 가장 마지막 단계에 속한다. 먼저 영어로 말할 수 있게 만들고, 그 이후에 다른 사람들과 대화하면서 서서히 고쳐가면 된다. 외국인과 대화를 하다보면 서로의 발음이 다른 부분을 발견하게 된다. 그때 '여기는 이렇게 발음하는구나.' 하고 깨달으면 된다. 때로는 외국인이 직접 알려주기도 한다.

　외국인들도 우리의 발음에 크게 신경 쓰지 않는다. 우리가 원어민 수준의 발음을 할 거라고 기대하지 않기 때문이다. 다른 나라 사람이 모국어도 아니면서 영어를 말한다는 것 자체만으로 대단하다고 생각한다. 그리고 그들도 외국어마다 특유의 독특한 발음과 악센트가 있다는 것을 이미 알고 있다. 따라서 그들에게는 발음이 큰 문제가 아니다. 의사소통이 얼마나 잘되는지가 중요할 뿐이다. 재미있는 사실은 영어를 사용하는 나라들끼리도 발음이 같지는 않다는 점이다. 영어를 사용하는 대표적인 나라인 미국에서는 '배스킨라빈스'이지만, 영국에서는 '바스킨라빈스'다. 'water'가 미국에서는 '워러'지만, 영국에서 '워터'다.

　입장을 바꿔서 외국인이 한국말을 했을 때 우리는 그의 발음을 문제 삼지 않는다. 예전의 〈미녀들의 수다〉라는 TV 프로그램에서 간혹 한국어 발음이 어색한 출연자들도 있었지만 어느 누구도 발음을 지적하지 않는다. 의사소통에 문제가 없기 때문이다.

발음은 상대방이 이해할 정도면 충분하다. 설령 발음과 억양이 조금 어색하더라도 의사소통만 가능하면 된다. 우리의 목표는 미국인이 되는 게 아니라 영어로 의사표현을 할 수 있는 한국인이다. 너무 혀를 굴릴 필요도 없다. 빠른 속도로 말할 필요도 없다. 빨리 말해서 상대방이 못 알아들으면 무용지물이다. 그리고 허둥대며 빨리 말하는 사람보다 여유 있게 또박또박 말하는 사람이 더 신뢰감을 준다.

그저 '따라 말하기'를 하면서 최대한 비슷하게 소리를 흉내 내면 된다. 그리고 우리말과 소리를 내는 방식이 다르므로 여기에 조금만 더 신경 쓰면 된다. 한국인이 영어 발음에서 가장 취약한 건 두 가지다. 한국식으로 또박또박 발음하는 것(모음 없는 자음 발음)과 리듬을 타지 않는 점이다. 이 두 가지만 잘해도 발음이 크게 좋아진다. 그리고 평소에 리듬을 타면서 소리 내어 말하는 연습을 함으로써 몸이 익히도록 해야 한다.

둘째, 모음 없는 자음 발음

언어에는 자음과 모음이 있다. 영어의 모음은 아래의 5개이고, 나머지는 자음이다.

[a] ⇒ 아

[e] ⇒ 에
[i] ⇒ 이
[o] ⇒ 오
[u] ⇒ 우

단어 하나를 살펴보자.

stress [stress]

우리는 평소에 이 단어를 '스트레스'라고 말한다. 하지만 발음기호를 살펴보면 모음이 [e] 하나밖에 없다. 1음절 단어라는 의미다. 따라서 모음이 있는 부분만 힘주어 말하고 나머지는 스치듯이 발음해야 한다. 모음은 하나인데 없는 모음을 만들어서 한국식으로 '스트레스'라고 또박또박 읽으면 안 된다. 이것은 일본식 발음이다. 김치를 '기무치'라고 하듯이 모음을 하나 더 만드는 방식이다. 이것을 글로 표현해보면 아래와 같다.

한국식 : 스트레스
영어식 : ㅅㅌ레ㅅ

이 부분만 신경 써도 발음은 크게 달라진다. 이와 같은 1음절 단어가 영어 전체에서 87%라는 통계도 있기 때문에 발음 교정 효과는 매우 크다. 개인적으로는 우리나라에서 영어 발음의 표기 방식도 이런 식으로 바꾸어야 한다고 주장한다. 유행어가 된 'great'과 'stupid'이라는 단어를 'ㄱ뤠잇', 'ㅅ튜핏'으로 표기하는 것이다.

한편, 이것은 단어의 강세와 일치하기도 한다. 모음은 강하게 발음하기 때문에 그 자리에 강세가 있을 확률이 높다. 'stress'는 모음이 하나이기 때문에 그 자리에 강세가 온다. 우리는 학창시절 강세라는 것이 어떻게 쓰이는지도 모르면서 막연히 외웠다. 하지만 이제는 단어의 강세를 확인하며 소리 내어 말하는 습관을 가져야 한다. 그러면 발음기호와 강세가 몸에 배어 머리로는 잊어버려도 입에서는 올바르게 나온다.

셋째, 리듬을 타며 말한다

우리에게는 필리핀이나 인도 사람들의 영어 발음이 매우 어색하기만 하다. 하지만 신기하게도 외국인들과 소통하는 데는 큰 문제가 없다. 그 이유는 영어의 리듬을 제대로 표현하기 때문이다. 영어는 덩어리 언어이기 때문에 덩어리별로 강세를 주면서 리듬을 타야 한다. 덩어리 안에서 중요한 의미를 담고 있는 핵심 단어들은 강하게 발음하고, 그렇지 않은 관사 등의 기능어들은 약하게 발음한다. 예를 들어서 'I should go to school this afternoon.'은 아래와 같이 세 덩어리로 나눌 수 있다.

I should go / to school / this afternoon.

여기서 각 덩어리별로 중요한 의미는 강하게, 그렇지 않은 부분은 약하게 발음하면서 리듬을 탄다. 결과적으로 3음절만 강하게 말하면 된다.

아이숏고 / 루스쿨 / 디스애프터눈

어렵지 않다. 원리를 알면 된다. 영어를 말하는 것은 노래를 부른다고 생각하면 된다. 노래를 잘하는 것은 리듬, 박자, 음정에 맞게 부른다는 뜻이다. 영어도 덩어리 단위로 리듬과 음정에 맞게 말하면 된다.

정말 세 달이면 될까?

자, 좋다. 어떻게 하는지는 이제 알겠다. 그런데 과연 3개월 간에 영어가 가능할까? 물론이다. 충분히 가능하다. 다만, 누차 말한 대로 반드시 올바른 방법으로 공부해야 한다. 이것은 '된다, 안 된다'의 문제가 아니라, '하고 안 하고'의 문제다. 하기만 하면 다 된다. 그리고 보다 많은 시간을 투입하면 더 빠른 시간 안에 효과를 거둘 수 있다.

세 달 안에 터닝 포인트에 도달하는 게 목표다

영어공부는 올바른 방식으로 얼마나 집중해서 많이 하느냐가 가장 중요하다. 기간은 전혀 고려의 대상이 아니다. 하루에 10분씩 1개월 공부하면 300분이지만, 하루에 2시간씩 1개월 공부하면 3,600분이다. 방법도 중요하다. 시간이 같다고 가정해도 잘못된 방식으로 공부하면 효과가 떨어진다.

한편, 특정 시간을 투입해야 할 때 단기간에 집중해서 공부하는 것이 더욱 효과적이다. 예를 들어서 1,000시간을 투입해야 한다고 가정하면 1년간 분산해서 투자하는 것보다 두 달에 집중해서 투자하는 게 훨씬 효과가 크다. 짧은 기간에 많은 시간을 투입하면 몰입의 힘에 의해 가속도가 붙어서 성과가 크다.

모든 분야에는 터닝포인트라는 것이 있다. 지속적으로 누적되다가 어느 순간부터 큰 변화가 나타나기 시작하는 포인트를 말한다. 물은 100℃에 도달하면 펄펄 끓기 시작한다. 영어도 마찬가지다. 6원칙 따라 말하기도 처음에는 실력의 변화가 없지만 꾸준히 하다 보면 입에서 저절로 영어가 튀어나오는 순간이 찾아온다. 그리고 이때부터는 가속도가 붙기 때문에 투자 시간을 줄여도 실력이 쑥쑥 붙는다.

따라서 짧은 시간 동안 집중 학습을 하여 최대한 빨리 이 터닝포인트에 도달하는 것이 우리의 목표다. 효율적이고 전략적으로 학습을 하면 3개월 이내에도 영어의 터닝포인트를 넘을 수 있다.

트로이 유적을 발굴한 사람을 아는가? 독일 출신의 사업가이자 고고학자인 하인리히 슐리만이다. 그는 15개 외국어에 능통했다. 비결이 뭘까? 그의 비결은 하루에 한 시간씩 공부하는 데 있었다. 더도 말고 덜도 말고 꼭 한 시간씩만 공부해서 6개월 만에 원어민 수준의 외국어 실력을 갖추게 되었다.

"나는 모든 언어 학습을 쉽게 익힐 수 있는 한 가지의 방법을 발견했다."

그가 소개하는 방법은 다음과 같다.

❶ 매우 많이 소리 내어 말한다.
❷ 절대 번역하지 않는다.
❸ 매일 한 시간씩 공부한다.

2차 세계대전 당시 미국은 단기간에 수많은 통역병과 통역장교들을 양성하기 위해 최고의 언어학자들의 도움으로 '육군 특수훈련 프로그램(ASTP, Army Specialized Training Program)'을 고안하여 3개월 만에 언어 공부를 마치는 놀라운 효과를 나타냈다고 한다. 이 프로그램 역시 듣고 따라 말하기라는 기본적인 방법으로 운영되었다. 당시의 놀라운 효과 덕분에 ASTP는 2차 세계대전 이후 미국에서 '청각구두 교수법(Audio-lingual Method)'이라는 이론으로 발전했다.

'6원칙 따라 말하기' 공부법은 이 두 학습법과 동일한 원리를 공유하고 있다. 특히 따라 말하기에 적용된 6원칙 하나하나가 사람이 수년간 언어를 배우는 과정을 압축하고 있다. 따라서 개별 원칙들의 효과와, 원칙 간의 시너지 효과에 의해, 학습 기간을 단축시킬 수 있는 것이다.

일상생활에서 필수적인 표현에만 집중하자

무작정 많은 단어와 문법을 공부하느라 시간을 낭비할 필요가 없다.

미국인은 일상생활의 90%를 1,000개의 단어로 해결한다. 우리는 이 1,000개의 단어 중에 수백 개의 기초 단어들을 이미 알고 있다. 여기에 몇 백 개의 기초 어휘를 추가하고 핵심 문장구조만 공부하면 영어권 여행은 물론이고 외국인과의 일상적 대화, 현지 생활까지 전혀 문제가 없다.

예를 들어서 색깔과 관련된 단어들을 공부한다고 하자. 우리가 자주 쓰는 색깔들은 뻔하다. 검정색, 하얀색, 노란색, 빨간색, 파란색, 녹색 정도만 알아도, 색을 표현하는 데 큰 문제가 없다. 사용빈도가 굉장히 낮은 'peri winkle', 'cyan', 'teal', 'turquoise' 따위의 색 이름은 몰라도 된다. 이렇게 학습 범위를 압축하면 학습량과 시간이 현저히 줄어든다. 또한, 미국인들이 자주 사용하는 영어의 패턴은 200~300개밖에 안 된다. 이 핵심 패턴들 위주로 단기간에 끝내면 된다.

일상생활이든, 학교를 다니든, 회사생활을 하든 자주 사용하는 표현은 정해져 있다. 이것은 한국어를 쓰는 우리도 마찬가지다. 특별한 상황이 아니고서는 대부분이 똑같은 말을 반복한다.

병원에서 일하는 간호사라고 다를 건 없다. 환자가 오면 인사하고, 초진인지 재진인지 묻는다. 초진이면 의료보험을 확인하기 위해 메모지에 개인 신상을 적으라고 시킨다. 재진이면 이름만 묻고 앉아서 대기시킨다. 순서가 되면 몇 번 방으로 들어가라고 알려준다. 환자를 맞이할 때 쓰는 이 대화는 병원을 방문하는 모든 환자들에게 동일하게 적용된다. 간호사는 온종일 이 문장만을 앵무새처럼 되풀이한다.

변수와 상황의 차이가 있지만 다른 직업도 대동소이다. 쓰던 말을 또 쓰는 게 사람이고, 직업이다. 따라서 반복되는 정형화된 문장들 위주로 공부하는 것이 학습기간을 줄이는 지름길이다. 물론 예외도 있다. 그러나 예외는 그때그때 부딪혀가며 배워도 된다.

의심이
들 때

 '6원칙 따라 말하기' 공부법을 찾았을 때의 기쁨이란 이루 말할 수 없었다. 나는 이보다 더 만족스러운 학습법은 없다고 자부했다. 도서관에서 읽은 영어 관련 서적을 바탕으로 오랜 시간 분석하고 연구한 결과물이기 때문이다. 그리고 영어 외의 다른 분야의 책들까지 참고하며 과학적인 근거도 얻었다. 사람이 언어를 배우는 과정을 기반으로 삼았기 때문에 신뢰도도 높았으며 '분명히 된다'는 확신마저 들었다. 게다가 돈이 거의 들지 않는다. 심지어 다른 외국어 학습에도 적용할 수 있다. 이것이야말로 내가 그토록 간절히 원하던 것임에 틀림없었다. 그래서 막힌 가슴을 뻥 뚫어주는 느낌도 받았다.
 그런데 본격적으로 공부에 돌입하려는 순간, 의심이 생겼다. '10년 공부해도 안 된 영어가 이제 와서 되겠어?' 매일 음성파일을 들을 때마

다 마음 한 구석에서 악마가 속삭였다. '이대로 하면 되긴 될까? 실패하면 어떡하지?' 그리고 이런 부정적 마음은 '애초부터 불가능한 계획이 아닐까?'라는 생각으로 발전하여 끊임없이 나를 괴롭혔다.

처음 며칠간은 고민도 많고 스트레스도 많았다. 덩달아 집중력이 저하되고 학습 의욕도 자꾸 줄어들었다. 방법 자체에 대한 의구심이 드니 의지가 떨어질 수밖에 없었다. 처음 1주일은 매일 밤마다 공부를 가치고 학습 방법을 재검트했다. 그만큼 불안했다는 증거다.

1주일이 지날 무렵, 이대로 가다가는 죽도 밥도 안 되겠다는 생각이 들었다. 그래서 다시는 의심하지 말자고 마음을 고쳐먹었다. 판단은 두 달 뒤에 하기로 했다. 효과가 있는지 없는지 지금은 판단할 수 없다. 내가 선택할 수 있는 건 각 두 가지밖에 없다. 공부를 하거나 하지 않거나. 그런데 공부를 하지 않으면 과연 이 방법이 효과가 있는지 없는지 어떻게 알 수 있을까? 남는 답은 하나밖에 없다. 일단 해봐야 한다.

1주일간의 고민 끝에 내린 결론이었다. 방법에 다한 불안함과 의구심을 떨쳐버리고 공부하기로 작정했다. 묻지도 따지지도 말자. 마음을 바꾸자 오히려 이상한 자신감마저 들었다. '이렇게 열심히 하는데, 안 될 리가 없어. 반드시 될 거야!' 그날부터 나는 더욱 열심히 그리고 더 큰 목소리로 따라 말했다. 그렇게 한 달쯤 지났을 무렵, CNN이 들리기 시작하고 외국인과의 대면에서 나도 모르게 영어가 튀어나오는 경험을 하면서 나는 이 방법이 옳았음을 스스로 입증했다.

그런데 신기한 것은, 이 방법으로 중국어를 공부할 때였다. 이번에도 똑같이 불안감과 의구심이 들었다. 학습 초기의 1주일 동안은 '이 방법으로 될까?', '실력이 늘고 있기는 한가?' 부정적인 마음은 또다시 발전하여 '더 시간 낭비하기 전에 포기할까?'로 이어졌다. 이미 영어 독학에 성공했음에도 불구하고 불안감은 자꾸만 나를 괴롭혔다. 그리고 이번에도 나는 생각을 고쳐먹고 마음을 굳게 다졌다. '영어 공부할 때도 됐잖아? 이번에도 분명히 나도 모르게 중국어가 튀어나올 거야! …… 역시 나는 성질 급한 한국인인가 봐!'

의심이 들 때마다 도리질을 치며 열심히 따라 말했다. 결국 이 믿음은 나를 배반하지 않았다. 나는 짧은 시간 안에 영어와 중국어 회화가 가능한 사람이 되었다.

첫술에 배부를 수는 없다. 그런데 욕심은 많고 마음은 조급하다. 그래서 애꿎게 학습법만 의심한다. 남 일이 아니다. 내 주위 사람들도 다 겪었다. 여러분도 그럴 수 있다. 영어 공부를 계획했다면 방법에 대한 의심은 일단 접자. '과연 이게 맞아? 과연 될까?' 하는 걱정은 하지 말자. 충분히 잘하고 있다. 걱정하고 염려할 시간에 영어 문장 하나라도 더 보자. 열심히 하면 반드시 입에서 영어가 나온다. 노력은 배반하지 않는다.

실력은 공부한다고 매번 체감되는 게 아니다. 오늘 1시간 했다고 1점 오르는 게임이 아니다. 대개는 제자리다. 내일도 마찬가지다. 실력은 우리가 느끼지 못하는 사이에 조금씩 는다. 마치 나무가 자라는 것 같다. 매일 자라지만 자라는 과정을 눈으로 볼 수 없다. 터닝포인트가 되기 전까지는 못 느낀다. 꽃이 피기 전까지는 잘 모른다. 김이 오르고 기포가 오르기 전까지는 물이 뜨거운지 찬지 잘 모른다. 그래도 꾸준히 불을 지펴야 한다. 화력을 줄이지 않아야 100도씨가 찾아온다. 그 지점을 통과하면 그때부터 실력이 급상승한다.

실력은 갑자기 드러난다. 당신에게 오늘 무슨 일이 벌어질지 모른다. 오늘 내 입에서 뭐가 나올지 모른다. 오늘 우연히 외국인을 만나던 어떤 대화가 펼쳐질지 모른다. 무엇이든지 효과를 보려면 일정 수준의 시간이 필요하다. 작은 변화가 모여 큰 변화를 만든다. 영어를 잘하는 한국 사람들은 한 가지 공통점이 있다. 머리가 좋다? 아니다. 집중해서 끝까지 공부했다는 점이다. 집중과 꾸준함이면 안 될 게 없다.

4장

교재 선택부터
실전 회화까지,
전 과정 액션플랜

STEP 1.
실력에 맞는 교재 선택하기

(※ 일러두기 : 따라 말하기 공부법을 위한 패턴북이 2018년 7월 중으로 출간될 계획이다. '6원칙 따라 말하기 공부법'을 충실히 반영한 교재로 음성파일도 제공한다. 아래 내용은 교재를 직접 선택하려는 사람들을 위한 가이드다.)

교재 선택은 영어 학습에 있어서 매우 중요한 의사 결정 중 하나다. 특히 초급자일수록 더욱 그렇다. 어떤 교재를 선정하느냐에 따라, 학습 기간이 2개월이 될 수도 있고 6개월이 될 수도 있다. 실력 향상이 빠를 수도 있고 더딜 수도 있다는 의미다. 그만큼 교재 선정은 매우 중요하다. 결론부터 말하면, 어느 학습이나 마찬가지겠지만 본인의 실력과 난이도에 맞는 교재를 선택해야 한다. 난이도가 높으면 금방 포기한다. 배움이라는 것은 하나하나 알아가는 재미가 있어야 하고, 이를 통해 스스로가 공부하려는 의욕을 높여야 한다. 그러나 옷이 내 몸에 맞지 않으면 입기 싫어지는 건 인지상정이다.

기초 수준의 실력이라면 아주 쉬운 수준의 교재를 고른다. 예컨대 '주어+동사' 또는 '주어+BE동사+형용사'처럼 단순한 문장구조로 시작하는 것이 좋다. 충분히 쉬워지면 난이도를 조금씩 올리면 된다. 쉬운 책을 본다고 해서 부끄러워할 필요 없다. '대학교까지 나왔는데, 이런 책을 내가 왜 봐야 돼?'라고 자만에 빠지는 것도 좋지 않다. 교재에 담긴 문장을 독해하는 게 문제가 아니다. 들을 수 있는가, 말할 수 있는가가 관건이다.

교재 선택의 기준, 70 : 30의 법칙

내가 어느 수준인지 파악이 안 되면 어떻게 할까? 내 실력이 얼마나 되는지 객관적으로 판단할 기준이란 게 딱히 없지 않은가.

진단방법이 있다. 교재에 제시된 문장을 읽었을 때 막힘없이 바로 이해가 된다면, 그 문장은 본인이 이미 완벽하게 알고 있는 문장이라고 보면 된다. 만일 바로 이해되는 문장이 교재의 70% 정도에 이르고 애매모호하거나 이해가 안 되는 문장이 30% 수준이라면 최적의 교재가 된다.

아는 것과 모르는 것의 비율이 70 : 30일 때 전반적인 흐름은 이해가 되면서 간혹 모르는 단어가 나온다는 느낌을 받을 것이다. 하지만 모르는 단어 때문에 흐름이 끊기지 않는다. 이 난이도일 때 쉽게 느껴지기 때문에 부담이 줄어든다. 모르는 30%는 학습을 통해 배우기 때문에 실력 향상에 도움이 된다. 미국의 언어학자인 스티븐 크레션(Stephen Krashen)이 발표한 입력가설(Input-hypothesis)에 따르면, 본인의 현재 수준보다 한 단계 높은 수준의 입력 그리고 현재보다 약간 많은 양의 입력을 받는 것이 언어 습득에 최상이라고 하였다.

직독직해가 가능한 문장이 80% 이상이 되면 이미 너무 많은 것을 알고 있기 때문에 새롭게 배울 수 있는 내용이 줄어든다. 그리고 너무 쉽다고 느껴져서 오히려 흥미를 잃을 수도 있다. 반면에 직독직해가 가능한 문장이 60% 이하면 모르는 문장들이 많아서 어렵다는 느낌을 자주 받을 것이다. 결국에는 학습 의욕을 잃고 공부를 두려워할 수도 있다. 따라서 유명하고 좋다는 교재를 무조건 선택할 것이 아니라 직접 살펴보면서 본인의 난이도에 맞게 선택해야 한다. 70 : 30의 법칙은 모든 영어 교재에 다 적용할 수 있다. 미드, 영화, 뉴스, 만화 등의 자료도 같은 방법에 의해 난이도를 구별하면 된다. 아쉽게도 난이도 판단은 그 어느 누구도 대신 해줄 수가 없다. 본인의 실력은 본인이 가장 잘 알기 때문이다.

다른 사람들에게 보이기 위해 어려운 교재를 선택하는 경우도 있다. 본인의 실력은 생각지도 않고 '이 정도는 돼야지'라는 생각에 CNN이나 BBC 등을 교재로 결정한다. 아이들이 보는 영어 동화책도 제대로 이해하지 못하면서 미국인도 보기 힘든 〈Times〉나 〈Economist〉와 같은 시사/경제 잡지를 본다. 마치 자기가 그 정도 수준이나 되는 것처럼 과시하고 싶은 욕구도 숨어 있다. 하지만 기다리고 있는 것은 좌절과 빠른 포기뿐이다. 공부를 계속해서 이어갈 수가 없다. 남들한테 잘

보이려다 영어를 관두게 되는 지경에 이른다.

꾸준히 할 수 있는 난이도를 선택해서 차근차근 실력을 쌓아가자. 어려운 교재를 목표 삼아 전진하면 된다. 뭐든지 기초가 중요하다. 탄탄한 기초 없이는 절대 높은 탑을 쌓을 수 없다. 천 리 길도 한걸음부터다.

덧붙이자면, 중급 이상부터는 좋아하는 분야와 영어를 연결하는 것이 좋다. 본인이 재밌고 즐거워하는 분야의 교재를 선택한다. 그러면 교재가 더 이상 교재가 아니라 취미가 된다. 그래서 시간 가는 줄 모르고 빠져들 수 있다. 좋아하는 일이나 취미를 영어와 접목시키자. 영어로 노는 시간이 된다. 영어 놀이는 나중에 엄청난 시너지 효과를 발휘한다. 노는 것과 공부하는 것이 동시에 되면 영어 실력도 쑥쑥 불어난다.

교재가 6원칙 따라 말하기에 부합한가?

교재를 선정할 때 난이도 다음으로 고려해야 할 게 '6원칙 따라 말하기'에 부합하느냐이다. 그렇지 않다면, '6원칙 따라 말하기'가 될 수 없다. 의도한 학습 효과를 얻기 힘들다. 그러므로 준비할 때 면밀히 살펴봐야 한다. 이때 한국어 설명이 있는지(먼저 나오는지), 외국인 성우가 녹음했는지(때에 따라 남녀 외국인 성우가 동일한 영어문장을 읽어주어서 성별 차이를 극복하는 데 도움이 되는 음성파일이 있다.) 통문장 패턴이 있는지 살핀다. 한 가지 더 살핀다면 교재의 영어 문장 가까이에 그 문장의 발음기호가 있는 것이 좋다. 교재의 발음기호는 복습 과정에서 효용이 크다. 복습할 때 일일이 음성파일을 찾아 듣지 말고 발음기호만 보고도 즉시 정확한 발음을 알 수 있기 때문이다. 다만 시중에서 구하기 어려울 수 있다. 참고만 하자.

한편, 교재마다 분량이 다르기 때문에 학습기간 동안 1권만 볼 수도 있고, 2~5권까지 볼 수도 있다. 따라서 학습 도중 진도를 보면서 다음 교재를 미리 준비하면 좋다.

초급자들은 패턴부터 시작하는 것을 권한다. 따라서 첫 번째 책은 왕초급 패턴, 두 번째 책은 초급 패턴, 세 번째 책은 또 다른 초급 패턴…… 이런 식으로 교재를 준비한다.

STEP 2.
구체적인 실행계획 세우기

1) 목표의 구체화 및 이미지화

먼저 목표를 세우고 시작한다. 이때 '외국인과 대화를 할 수 있는 수준', '하고 싶은 말은 다 할 수 있는 수준'처럼 막연한 설정은 피한다. 목표가 막연하면 작심삼일이 되기 쉽다. 영어를 통해 이루고 싶은 자신의 미래 모습을 상상하여 구체적인 이미지로 만드는 것이 필요하다. '펍에서 맥주를 마시며 외국인과 스페인의 축구에 대해 대화하기' 드는 '소파에서 아이에게 영어 책을 읽어주면서 아이와 함께 웃기' 등이 좋은 예다. 목표가 뚜렷해야 하기 싫을 때 이끌어주는 원동력이 된다.

아무리 쉽고 간편한 방법이라도 하기 싫을 때가 있다. 학습을 꾸준히 하도록 만드는 원동력은 목표에 대한 본인의 강한 의지다. 따라서 공부를 시작하기 전에 내가 왜 영어를 공부해야 하는지 진지하게 고민하고 구체적인 목표를 세운다. 귀찮아서 하기 싫을 때면 이 이미지들을 떠올리면서 다시 마음을 잡는다. 그래서 세부적이고 구체적일수록 좋다. 뜬구름 잡는 막연한 상상은 자신을 이끌어 줄 수 없다.

목표는 한 장의 이미지로 만들어야 떠올리기 쉽다. '영어' 하면 바로 이 이미지가 떠오르면서 강력한 동기 부여가 되어야 한다. 아이들도 마찬가지이다. 공부하라고 윽박지를 게 아니라 왜 영어를 잘해야 하는지 분명한 목표와 이유를 각인시켜 주어야 한다.

〈목표의 좋은 예〉
- 미국 이성 친구를 사귀어서 고급 레스토랑에서 함께 멋진 저녁식사 하기
- 구글의 한국 오피스에 취업해서 멋진 구글 명함 갖기
- 미국의 백화점에 가서 판매직원과 당당히 대화하며 핸드백 구입하기
- 내년에 부모님 모시고 해외여행을 가서 식당에서 영어로 주문하기

〈목표의 나쁜 예〉
- 영어를 남보다 잘해야지
- 외국계 회사 취업에 유리해져야지
- 토익 800점
- 외국에서 길 헤매지 않을 정도

2) 학습 기간은 최대한 짧게

영어를 공부해야 하는 전체 기간에 대해 생각해보자. 앞에서 얘기한 대로 학습기간을 길게 잡으면 실패하기 쉽다. 최대 6개월을 넘지 않기를 바란다. 반년이 넘으면 100% 실패한다고 보면 된다. 일반인들에게는 3개월이 가장 좋다. 이 정도의 기간이면 현재의 수준을 벗어나 한 단계 레벨 업에 충분하다. 만일 시간적 여유가 많아서 더 많은 시간을 투자할 수 있다면 2개월도 좋다. 나는 회사 생활을 병행하면서도 두 달 만에 중국어 기초를 정복했다.

3) 1일 3회 학습

전체 기간 설정 후 세부 계획을 세운다. 따라 말하기 공부는 매일 하루 3회 학습을 기본 원칙으로 한다. 오전과 오후에 각각 1회씩 학습하고, 저녁에는 가볍게 확인만 한다. 만일 오전/오후 학습 중에 큰 소리로 따라 말하지 못했다면, 저녁에 큰 소리로 다시 한 번 따라 말해야 한다. 여건이 안 된다면 저녁에 많은 시간을 투입해서 1회만 학습해도 된다.

1회 학습 시간은 30분에서 1시간 이내가 좋다. 1회 학습 시간이 30분보다 짧으면 학습 분량이 매우 적어서 전체적인 학습 기간이 매우 길어진다. 그리고 1회 학습시간이 한 시간보다 길면 몸이 힘들다. 따라 말하기가 대수롭지 않게 보여도 에너지 소모가 굉장히 많은 운동이다.

다음, 위의 내용을 바탕으로 하루 중 언제 공부할지, 또 전체 복습은 무슨 요일 몇 시에 할지 정한다. 1주일간 공부한 내용을 전체 복습하는 날은 더 많은 시간을 할애한다. 부담스럽더라도 참고 견디자. 그래 봐야 3개월이다.

그리고 음성파일의 시간을 고려하여 각 교재의 학습 기간도 따져 본다. 첫 번째 교재는 양이 적으니 2주 만에 끝내고, 두 번째 교재는 익숙해졌으니 2주 만에 끝낸다는 식이다. 다만 언제 끝낼지 정확히 알기는 어려우므로 대략적으로 산출해서 계획을 세운다.

아무리 쥐어짜도 공부할 시간을 따로 마련하기 어렵다면 자투리 시간을 이용하자. 가장 활용도가 높은 시간은 이동하는 시간이다. 출퇴근 또는 등하교하기 위해 길을 걷거나 대중교통을 이용하는 시간에 학습할 수 있다. 나도 마땅히 공부할 시간이 없어서 지하철 출퇴근 시간을 활용해서 중국어를 공부했다. 단, 이때 멀티태스킹을 해서는 안 된다. 자투리 시간이어도 오롯이 음성파일에 집중해야 한다. 그래서 운전과 학습을 동시에 할 바에는 안 하는 게 낫다.

그래도 공부할 시간이 없다고 생각되는 사람은 당장 블로그, 인스타, 페북부터 끊어라.

하루에 소셜 미디어에 낭비하는 시간만 해도 꽤 된다. 정 못 끊겠다면 하루에 30분만이라도 줄여라. 하루 30분만 줄여도 한 달이면 900분이다. 시간으로 환산하면 15시간이다. 누구나 다 바쁘고 시간이 없다. 혼자 바쁜 거 아니다. 뭔가 성취한 사람들은 다 시간을 쪼개고 아껴서 자기계발에 투자한다. 시간이 없다는 말은 핑계일 뿐이다. 아무리 바빠도 애인은 어떻게든 만나지 않는가. 영어도 마찬가지다. 사랑하는 애인에게 하는 말이라고 생각하고 틈 날 때마다 따라 말하자.

4) 장소 결정

어디서 공부를 할 것인가? 일단은 큰 소리를 낼 수 있는 장소가 최우선이다. 하지만 민폐가 문제다. 마땅한 장소가 없다면 소리를 낮춰서 할 수밖에 없다. 나는 여건상 지하철 안에서 전화 통화하는 정도의 성량으로 따라 말하기를 했다. 참 답답했다. 왠지 학습 효과도 떨어지는 것 같았다. 그래서 저녁만 되면 집에서 가까운 산에 올라 원 없이 큰 소리로 따라 말했다. 큰 소리를 내는 것이 매우 중요하다. 6원칙을 하나라도 지키지 않으면 그 효과는 기대와 다를 수 있다.

5) 동기를 유발할 수 있는 상벌 계획

스스로에게 줄 당근과 채찍을 결정한다. 1주일간 공부를 잘 마무리하거나 혹은 1개월간의 공부를 마쳤을 때 상을 준비한다. 본인의 취미, 평소에 좋아하는 일, 스트레스를 풀 수 있는 활동으로 정한다. 그래야 유인책이 되기 때문이다. 예를 들면 영화 1편 보기, 농구 2시간 하기, 친구 만나서 수다 떨기 등이다. 기왕이면 친구에게 미리 사정을 설명해두는 것도 좋다. '영어 공부 시작했는데 정해진 분량을 다 마쳐야 너를 만날 수 있어.' 자존심 때문이라도 공부하게 된다. 마찬가지로 벌도 계획하면 좋다. 벌도 당연히 현실적이어야 한다.

이처럼 계획을 다 세웠으면 아래와 같이 하나의 표로 만들어 시각화한다. 그리고 눈에 잘 띄는 곳에 붙여두고 수시로 확인한다.

: 6원칙 따라 말하기 계획 :

목표			펍에서 외국인과 축구 얘기하면서 함께 맥주 마시기
기간	전체		총 3개월 / 1.1 ~ 3.31
	1개월차		교재 1 + 교재 2
	2개월차		교재 3
	3개월차		교재 4
시간	1일	오전	출근하는 지하철에서 30분
		오후	퇴근하는 지하철에서 30분
		확인	저녁식사 후 방에서 30분
	전체 복습		토요일
장소			출퇴근 지하철
보상	주간		영화 1편 감상
	월간		10만 원 쇼핑

꿀팁

출장 등으로 장거리 이동을 해야 한다면, 이제는 공부할 시간이 생겼다고 긍정적으로 받아들이면 된다. 5시간을 이동해야 한다면 2시간은 영어 공부를 하고 나머지 3시간은 푹 자면 된다. 그리고 2시간의 공부를 통해 뇌도 피곤하기 때문에 잠도 잘 온다. 자고 나면 목적지에 도착해 있을 것이다.

STEP 3.
반복 계획 세우기

반복의 위력

　반복은 6원칙 가운데 가장 핵심 원칙으로, 그 중요성은 아무리 강조해도 지나치지 않다. 반복은 우리가 모르는 엄청난 위력을 가지고 있다. 이미 익힌 영어 문장도 완벽하게 체득하고 오래 기억하도록 하는 것도 반복의 힘이다. 반복은 억지로 외울 필요가 없게 만들어준다.

　'따라 말하기'에 대해 여전히 반신반의하는 분들이 있을지 모른다. 정말 따라 하기만 해도 단기간에 영어가 될까? 혹시 저자의 머리가 좋거나 언어에 대한 소질이 있는 건 아닌가? 나도 내가 머리가 좋기를 바란 적이 있다. 나도 내가 언어 소질이 있는 건 아닐까 기대감에 젖었던 적도 있었다. 그러나 둘 다 아니다. 그저 평범한 머리를 타고 났기 때문에 반복의 힘을 발견한 것일 뿐이다.

반복은 영어의 소리에 친숙하게 만들어준다. 전혀 모르는 열 단어로 구성된 영어 문장 하나를 들었다고 치자. 한 번 들어서는 하나의 단어도 분리해서 들을 수 없다. 소리도 흉내 내기 힘들다. 그런데 두세 번 반복하면 한두 단어가 조금씩 들리기 시작한다. 다음날 반복하면 귀에 들어오는 단어가 또 늘어난다. 이런 과정이 반복되면 따라 말할 수 있는 단어의 개수가 점점 늘고 나중에는 8개 또는 10개 전부 들을 수 있다. '전에는 왜 안 들렸지?' 이상한 기분마저 든다.

당장 소리가 안 들리고, 따라 말하기도 안 된다고 해서 조급해할 필요 없다. 100번 반복해서 들어도 도저히 들을 수 없거나 이해가 안 되는 소리들은 존재하기 마련이다. 그러면 교재를 펼쳐 눈으로 확인하고 싶어지고, 문장을 문법에 맞게 쪼개고 싶어진다. 그게 일반적인 심리인 것 같다.

이때는 과감히 포기하고 다음 진도로 나아가는 게 상책이다. 반복이 해결해 줄 것이다. 소리에만 집중해서 반복적으로 듣고 따라 말하면 어느새 내 것이 된다. 대신 오후에 교재를 보면서 반드시 확인하고 넘어가자.

반복을 통해 귀를 열어 가면 하루하루가 즐겁고 흐뭇하다. 무슨 소리인지 감도 못 잡던 소리들이 선명하게 들리면 스스로 성장하고 있음을 실감하게 된다. 아침에 눈 뜨기 싫고 무의미하기만 하던 하루가 희망으로 변모한다. 특히 일상에서 자주 쓰는 문장들을 하나 둘 배울 때면 이제는 영어로 표현할 수 있다는 즐거움에 아침 출근길을 고대할 정도가 된다.

반복의 노하우

오전의 1회차에서는 음성파일을 3회 반복하며 따라 말한다. 반복 횟수는 3회가 가장 적합하다. 1~2회는 횟수가 적어서 흡수가 힘들고, 3회가 넘어가면 집중이 떨어진다.

1회 공부에 몇 개의 음성파일을 공부할지 미리 결정한다. 만일 오전 1회차에 공부할 수 있는 시간이 1시간이라면 3회 반복을 위해서는 총 20분짜리 파일이 필요하다(20분 × 3 = 1시간). 물론 2개의 파일로 20분을 맞춰도 된다. 예컨대 음성파일 1번의 시간이 7분, 음성파일 2번이 10분인 경우, 두 개의 파일을 3회 반복하면 (7분+10분) × 3회이므로 총 51분이 걸린다. 적당한 분량이다. 이것으로 오전 1회차 학습을 마무리한다. 참고로, 1번 파일을 연속해서 3회 듣고 나서 2번 파일로 넘어가야 한다.

반복 횟수의 원칙은 '3⇒2⇒1'이다. 예컨대 음성파일 1과 2를 오전에 3회 들었으면 오후에는 2회만 반복한다. 17분을 2회 반복하면 34분이다. 그러면 26분이 남는다. 이 시간에는 다음에 들을 음성파일 3을 3회 반복한다. 파일 3번의 길이가 7분이라면 21분이 걸릴 것이다. 오후에는 34분 + 21분 = 55분, 총 55분 학습하는 셈이다. 이처럼 횟수를 채우며 진도를 뺀다.

최종적으로는 아래 표와 같이 반복하는 게 목표다. 복잡할 것 없다. 기존 파일은 반복횟수를 1회씩 줄이고, 남는 시간에는 새로운 파일을 '3⇒2⇒1'의 횟수로 들으면 된다.

〈반복 예시〉

- 음성파일 : 1번(7분), 2번(10분), 3번(7분), 4번(8분), 5번(10분) 6번(8분), 7번(7분)
- 1회 학습 시간 1시간(1일 2회 학습인 경우)

학습 시간		파일별 반복 횟수	총 소요시간
월요일	오전	파일 1, 2 ⇒ 3회 반복 ⇒ 51분	51분
	오후	파일 1, 2 ⇒ 2회 반복 ⇒ 34분 파일 3 ⇒ 3회 반복 ⇒ 21분	55분
화요일	오전	파일 1, 2 ⇒ 1회 반복 ⇒ 17분 파일 3 ⇒ 2회 반복 ⇒ 14분 파일 4 ⇒ 3회 반복 ⇒ 24분	55분
	오후	파일 3 ⇒ 1회 반복 ⇒ 7분 파일 4 ⇒ 2회 반복 ⇒ 16분 파일 5 ⇒ 3회 반복 ⇒ 30분	53분
수요일	오전	파일 4 ⇒ 1회 반복 ⇒ 8분 파일 5 ⇒ 2회 반복 ⇒ 20분 파일 6 ⇒ 3회 반복 ⇒ 24분	52분
	오후	파일 5 ⇒ 1회 반복 ⇒ 10분 파일 6 ⇒ 2회 반복 ⇒ 16분 파일 7 ⇒ 3회 반복 ⇒ 21분	47분

위 표는 반복 학습의 예시다. 음성파일의 시간 분량은 교재마다 다르다. 원리는 따르되 구체적인 학습계획은 본인의 상황에 맞춘다. 다만 '3⇒2⇒1'는 기억하자. 하나의 음성파일을 2일간 총 6회 반복한다는 게

골자다. 교재 복습(다음 절에서 설명)까지 합치면 실제 반복횟수는 더 많다. 그래서 외우지 않아도 오래 기억할 수 있으며, 당장은 들리지 않아도 귀가 트이며, 놓치던 소리도 대폭 줄일 수 있게 된다.

이 방식으로 공부하면 교재 1권 정도는 금방 끝낼 수 있다. 빠른 경우에는 2주 만에 한 권을 마친다. 여기서 '끝냈다'는 말은, 음성파일의 80% 이상을 듣고 따라 말하는 데 어려움이 없으며 영어 소리만 듣고도 그 의미를 아는 수준을 의미한다. 영어 문장을 억지로 외우지 않았지만 6회 반복과 복습을 통해 음성파일에 포함되어 있는 많은 문장들을 체득했기 때문이다.

한 권을 떼고 나면 바로 다음 교재에 도전한다. 교재를 선정할 때는 본인이 방금 마친 교재가 어떤 부분에 주안점을 두었는지, 본인에게 부족한 부분은 무엇인지 살핀다. 패턴이 부족하다고 느끼면 또 다른 패턴 교재를 이용하고, 단어가 부족하다고 생각되면 단어 위주의 교재를 선택한다. '따라 말하기'가 가능한 교재여야 함은 두말할 것도 없다.

STEP 4.
6원칙 따라 말하기 실행하기

드디어 공부가 시작되었다. 첫 날 첫 시간, 어떻게 할까?

1단계 목표 재확인

음성파일을 재생시키기 전에, 바로 앞에서 세운 목표를 떠올린다. 그리고 반드시 그 이미지대로 되겠다는 굳은 결심을 하고 음성파일을 재생시킨다.

2단계 볼륨 조정

듣고 바로 따라 말해야 하기 때문에 본인이 소리를 내어도 음성파일의 소리가 명확히 들릴 정도의 크기로 듣는다. 너무 크면 귀에 문제가 생길 수 있으니 반드시 적당한 음량을 유지하자.

3단계 실행
6원칙을 지키며 따라 말하기를 시작한다.

추가적인 유의사항은 아래와 같다.

첫째, 안 들린 소리는 잊자.
버스 떠나갔다. 현재 들리는 소리에만 집중하자. 지나간 소리에 미련을 가지면 이어지는 소리마저 놓친다. 영어 리스닝 시험에서 안 들린 문제로 고심하다가 뒤에 나오는 문제들까지 망친 경험이 있을 것이다. 그리고 지금 안 들리는 소리에 집착할 필요가 없다. 지금 안 들린 소리는 당장 10번, 100번을 들어도 절대 안 들린다. 하지만 신기하게도 다음 아니면 다다음 학습 시간에는 깨끗하게 들린다.

둘째, 속도를 지킨다.
따라 말하는 속도 역시 당연히 외국인 성우와 똑같아야 한다. 그래야 뇌의 정보처리속도가 그 속도에 적응한다.

셋째, 처음은 소리, 다음은 상황!
따라 말하기 횟수는 최소 2회다. 이때 첫 번째 따라 말하기에서는 음성파일의 소리에 집중하여 잘 듣고 똑같이 따라 말하는 것에 초점을 맞춘다. 그리고 두 번째 따라 말하기에서는 시선을 정면에 두고 앞에 있는 가상의 상대방에게 말하듯이 말한다. 음성파일에는 특별한 감정 표현이 없지만 학습자는 그 상황에 몰입하여 감정, 표정, 몸짓을 연기한다. 공백이 끝나서, 다음 세트로 넘어가면 역시 처음은 소리에 집중하고 다음은 상황을 떠올리며 따라 말한다.

꿀팁

대중교통에서 큰 소리로 말하기란 예절에도 어긋나고 권장하지 않는다. 대신 좋은 방법이 있다. 큰 소리로 대화하고 있는 사람들 옆에서 소리를 내며 공부하는 방법이다. 대중교통에서는 시끄러운 상황이 종종 벌어진다. 일행들과 큰 소리로 대화하는 사람, 떠드는 아이들, 큰 소리로 전화통화를 하는 사람들이 있기 때문이다. 이런 사람들 옆에 서서 소리를 내서 따라 말한다. 물론 크기는 적당히 조절한다.

STEP 5.
당일 복습으로 실력 끌어올리기

저녁에는 그날 학습한 영어 소리와 문장구조를 복습한다. 이 시간에는 이어폰은 필요 없다. 교재를 활용하여 오늘 배운 내용을 눈과 입으로 가볍게 확인한다. 이때도 주안점은 소리다. 문장구조는 가볍게 파악하고 넘어간다. 저녁 복습 시간에 빠뜨리면 안 될 게 있다. 이전 공부에서 주위의 소음이나 발음상의 이유로 제대로 듣지 못한 부분이다. 꼭 확인한다.

첫째, 교재를 펼치고 영어 문장을 보면서 하나씩 직접 소리 내어 읽는다. 만일, 당일 오전/오후 학습에서 큰 소리를 내며 말하지 못했다면, 이때는 반드시 크게 소리 내어 읽어야 한다. 이미 알거나 익숙해진 문장들은 빠르게 지나가고 모르는 것에 주력한다. 그날 학습에서 소리를 제대로 파악하지 못했거나 따라 말하지 못한 부분들을 3회 반복해서 큰 소리로 말하면서 입에 착착 붙게 만든다.

대부분이 연음이거나 생략하듯이 발음되는 부분일 것으로 보인다. 이렇게 교재를 통해 복습하고 나면 다음 학습에서는 이 소리들이 명확하게 들리고, 이 문장들을 완벽하게 이해했다는 느낌도 받는다. 이런 부분들을 형광펜이나 펜으로 표시해두면 나중에 복습 시간을 확실히 줄일 수 있다. 일종의 오답노트다. 모르는 단어가 나오면 설령 정확한 발음을 몰라도 본인이 읽을 수 있는 데까지 읽어 본다. 발음 기호가 있으면 보고 읽어도 된다. 하다보면 그날 학습에서 들은 소리가 떠오를 수도 있다.

둘째, 문장 구조를 가볍게 파악한다.

'가볍게'가 포인트다. 학원에서 공부하듯이 주어와 동사를 파악해서 동그라미를 치거나 '/' 표시를 하고 잘게 쪼개서 분해하지 않는다. '큰 뼈대가 이렇게 생겼구나.' 하고 이해만 하고 넘어간다. 패턴책의 경우, 보통 페이지의 상단에 간단한 설명이 있다. 이 부분을 눈으로 한 번 살펴본다. 외우지는 않는다. 한편, 이해가 가지 않는 문장구조들은 눈에 띌 정도로 표시만 해두고 과감히 넘긴다. 어려운 문장에 부담을 갖거나 골머리를 앓으면 안 된다. 지금은 가볍게 즐겨야 한다. 그래야 영어를 두려워하지 않는다.

어려운 문장구조는 어차피 나중에 다시 만난다. 언어는 비슷한 표현의 반복이기 때문이다. 자주 만나서 친해지면 저절로 받아들이게 된다. 모르는 단어가 나와도 마찬가지다. 억지로 외우지 않는다. '이렇구나.' 하고 가볍게 지나간다.

당일 복습에 따라 실력 편차가 커진다. 학습 내용의 불확실한 점을 해소하는 과정이기 때문에 실력 향상으로 연결될 수밖에 없다. 모른 채 그냥 지나가면 계속 모를 수밖에 없다. 설령 교재를 통해서도 이해가 안 되는 문장구조와 단어가 있더라도 가볍게나마 살펴보고 넘어갔기 때문에 기억에는 조금씩 남는다. 반복을 통해 서서히 익숙해지다보면 어느새 자기 것이 된다.

STEP 6.
전체 복습으로 장기기억 전환시키기

한 주의 끝, 한 달의 끝에 그동안 학습한 음성파일 전체를 복습한다. 복습은 하루면 충분하다. 하루에 걸쳐 학습한 내용 전체를 따라 말한다. 방법은 똑같다. 따라 말하면 된다. 소리에만 집중하기, 큰 소리로 따라 말하기, 소리를 똑같이 따라 하기 등 원칙도 꼭 지킨다. 원칙을 지키고 있는지는 본인이 늘 점검한다.

지금까지 공부한 각 음성파일을 오전과 오후 두 차례로 나누어 복습하되, 한 번 복습할 때 2회 반복한다. 즉 오전 학습에서는 1번 파일 2회, 2번 파일 2회…… 이렇게 듣고, 오후에 다시 1번 파일 2회, 2번 파일 2회 듣는다.

그리고 오전과 오후의 학습을 각각 마친 후에, 그동안 했던 것과 똑같이 교재로 복습한다. 교재 복습은 불확실한 부분을 확인하는 것이 목적이기 때문에 가벼운 마음으로 한다. 애매한 부분은 3회 반복하여 소리 내어 말하고, 그렇지 않은 부분들은 가볍게 눈으로 확인하고 지나간다.

전체 복습의 양이 많아서 부담스러울 때는 횟수를 1회로 줄여도 괜찮다. 교재 복습도 몰라서 표시한 부분만 반복하면 훨씬 많은 시간을 단축시킬 수 있다.

전체 복습은 시간이 오래 걸린다. 그래서 보통 주말인 토요일과 일요일 중 하루를 선택하거나 쉬는 날에 하면 된다.

전체 복습을 빼먹지 말아야 하는 이유가 있다. 우선은, 기억 효과를 높이기 때문이다. 망각곡선 이론에서 파생된 학습법에 따르면 장기기억으로 저장하기 위해서는 최초 학습 후 1주일과 1개월이 될 때 반복해주어야 한다.

또 있다. 많은 양을 한 번에 다 듣기 때문에 비슷한 단어와 문장구조를 많이 접할 수 있다는 점이다. 듣다 보면 '어? 이거 아까 들었는데, 여기서도 나오네. 아! 이렇게 쓰이는구나.' 하고 느끼게 된다. 따라서 이해도도 높아진다.

마지막 이유가 있다. 그동안 안 들리던 소리들이 들릴 수 있기 때문. 평소에는 뭉개져 들리던 소리가 귀마개를 빼고 듣는 것처럼 명확히 들리고, 입에서도 술술 나오는 경험을 이때 많이 한다. 성과가 보이면 학습 의욕은 더욱 불탈 수밖에 없다. 스스로 체험한 학습효과는 내일부터 더 열심히 학습하게 만드는 강력한 원천이 된다.

열심히 공부한 나에게 보상하기

　전체 복습을 다했다면, 이제는 스스로에게 상을 주자. 〈STEP 1.〉에서 어떤 상을 줄지 이미 결정했다. 만일 상이 마땅치 않다면, 그동안 본인이 공부한 문장의 개수를 세어보거나 1주일/1개월간 공부한 시간과 날짜를 계산해 보는 것도 괜찮다. 그리고 '1주일간 ○○개의 문장 / ○○시간을 공부했다.'라는 식으로 본인을 칭찬해 준다. 이런 칭찬은 매일매일 해줘도 좋다. '오늘 ○○개의 문장을 공부했다'라는 식이다. 상을 통해 작은 성취감을 맛보는 것이 중요하다. 지속적인 학습을 도와주는 큰 힘이 된다. 또한 일종의 자기만족이다. 내가 한 발자국씩 앞으로 나아가고 있음을 느낄 수 있다.

꿀팁

　집에서는 전체 복습을 하기 힘들 수 있다. 집에 있으면 계속 눕고 싶고 아무것도 하기 싫은 게 인지상정이다. 이럴 때 대중교통을 이용해 근교로 여행을 간다. 차를 몰고 가더라도 본인이 운전대를 잡고 있으면 안 된다. 기왕이면 대중교통이 좋겠다. 이동시간은 편도 2시간이 적당하다. 이동하는 동안 어 음성파일을 들으며 전체 복습을 한다. 목적지에 도착하면 여행을 즐기며 스트레스도 풀고 바람도 쐰다. 그리고 돌아오는 길에 못다 한 복습을 마친다. 애초부터 전체 복습을 주말로 잡고, 주말여행을 계획하는 것도 좋은 방법이다.

STEP 7.
변화를 몸으로 만끽하기

처음 1주일은 음성파일에서 쏟아져 나오는 영어 소리 때문에 정신이 없을 것이다. 아직 소리의 정체도 못 잡고 따라 말하기도 버거웠을 것이다. 그래도 변화는 시작된다.

1주일 뒤

1주일이 지나면 조금씩 몸에 변화가 오기 시작한다. 먼저, 영어의 소리에 귀가 익숙해진다. 거부감이 사라진다. 무슨 소리인지 정확히는 안 들려도 '다음에 들으면 들리겠지.' 하고 넘어가게 된다. 강세, 억양 등이 완벽하지 않아도 소리만큼은 대략 비슷하게 따라 말하게 된다.

이제는 영어 단어나 문장들을 하나둘씩 말할 수도 있다. 예를 들어서 라면을 먹으면서 '라면을 먹는다가 영어로 뭐지?'라고 생각함과 동시에 머리에서 이 표현에 필요한 단어가 떠오른다. 때에 따라 온전한 문장 전체가 떠오른다. 그리고 굳이 일부러 영어로 말하려 하지 않아도, 저절로 영어 단어나 문장이 떠오른다. 누가 택시 타고 간다고 하면, 'take a taxi'가 떠오르고, 집에 간다고 하면 'go back home'이 떠오르는 식이다.

15일 뒤

학습 기간이 15일 정도 지나면 좀 더 새로운 변화를 느끼게 된다. 놀랍게도, 음성파일에서 들었던 영어 문장들이 입에서 갑자기 튀어 나온다. 음성파일을 듣고 있지 않을 때도 그렇다. 일상생활 중 영어가 나도 모르게 나온다. 그렇다고 해서 이 문장들이 현재의 상황과 연관이 있는 것도 아니다. 단지 음성파일을 들으며 그동안 따라 말했던 영어 문장일 뿐이다. 시간이 지나면 이렇게 갑자기 튀어나오는 영어 문장의 개수가 많아진다. 그리고 어떤 문장들은 하루 종일 또는 며칠 동안 계속 입에서 맴돈다. 노래를 흥얼거리듯이 영어를 흥얼거리고 있다. 그리고 쉽고 간단한 영어 문장을 말할 수도 있다. 물론, 그동안 학습한 내용 범위 내에서다.

또 다른 변화는, 다른 사람들의 대화 소리가 모두 영어로 들린다는 점이다. 영어 소리를 오래 듣다보니 환청이 들린다. 영어 공부에 몰입하던 시절 나는 지나가는 사람들의 말소리가 모두 영어로 들렸고, 중국어를 공부할 때에는 모두 중국어로 들렸다.

    이런 증상들은 영어를 온몸으로 잘 흡수하고 있다는 증거다. 흡수한 문장들을 밖으로 표출한다. 매우 바람직한 현상이다. 항아리에 물을 붓다 보니 가득 차면서 흘러넘치기 시작한다. 지금은 작은 항아리에서 물이 흘러넘친 것이다. 이제는 공부를 많이 해서 작은 항아리를 큰 항아리로 만들어야 한다. 그리고 큰 항아리에서 물이 흘러넘치도록 해야 한다. 물론 사람에 따라 그리고 학습량에 따라 흘러넘치는 시기의 차이는 있다. 하지만 이 변화들을 못 느끼고 있다면 학습량을 조금 더 늘리거나 조금 더 집중해서 학습에 임해야 한다.

한 달 이상

    시간이 지나면, 더 큰 변화를 겪게 된다. 그동안 꽤 오랫동안 따라 말하기를 습관처럼 해왔다. 그래서 학습 시간이 아니어도 수시로 입이 영어를 중얼중얼한다. 정말 무의식적으로 그렇게 된다. 입도 근질근질해진다. 영어로 말을 하고 싶어진다. 입에서 영어가 나오기 때문이다. 그래서 지나가는 외국인만 봐도 말을 걸고 싶고, 대화하는 외국인 무리를 보면 끼어서 한마디라도 하고 싶어진다. 길거리에서 지도를 펼치고 있는 외국인을 보면 먼저 다가가서 길을 알려주고 싶어 안달이 날 것이다. 안달난다는 표현이 딱 들어맞는다. 아직 실력이 충분치 않을 수 있다. 그럼에도 용기를 내어 대화를 시도해 보는 것도 좋다.

이처럼 입이 근질근질해지면 그동안 착실하지 공부해온 본인을 칭찬해주자. 아주 훌륭하다. 그동안 잘 따라왔다. 이제부터는 말하기 연습을 해야 된다. 지금은 몸이 영어를 쓰고 싶어 하는 상태다. 따라서 본격적인 말하기 연습을 통해 실력을 단기간에 끌어올리면 된다.

STEP 8.
혼자 말하기로 표현 연습하기

지금부터는 말하기 연습을 병행한다. 이 말하기 연습은 물론 따라 말하기의 의미가 아니다. 따라 말하기는 계획대로 진행한다.

우리는 지금까지 따라 말하기를 한 것이다. 영어 문장을 몸으로 배웠다. 그래서 영어가 조금씩 나오는 단계에 이르렀다. 하지만 영어로 문장을 만드는 훈련은 한 적이 없다. 그래서 정확한 영어 표현은 역부족이다.

이제부터는 그동안 배운 내용을 바탕으로 한국어 의미를 영어 문장으로 표현하는 연습을 의도적으로 해야 한다. 그래야 필요한 상황에서 무의식적으로 영어를 말할 수 있다. 그리고 실제로 외국인의 얼굴을 보며 대화를 해도 주눅 들지 않고 자신 있게 말할 수 있다.

쉬운 일은 아니다. 하지만 외국에 나가지 않고 한국에서 짧은 시간

내에 성공하기 위해서는 어쩔 수 없다. 반드시 거쳐야 하는 과정이다. 그래 봤자 불과 수개월만 투자하면 된다. 시간은 생각보다 빨리 지나간다. 이 기간 동안만 굵고 짧게 학습하면 새로운 세상이 열릴 것이다.

다시 한 번 미국아기들의 말하기 과정을 살펴보자. 미국아기들도 저절로 영어 말하기가 된 것은 아니다. 오랜 기간에 걸친 끊임없는 노력을 통해 서서히 발달한다. 보통 3세가 되면 그동안 엄마 아빠와 주위 사람들로부터 들은 소리들을 바탕으로 옹알이를 시작한다. 처음에는 의미 없는 소리에서 시작하지만 차츰차츰 쉬운 단어로 발전한다. 이후에 [주어+동사]로 이루어진 간단한 문장도 말하게 되고, 문장의 길이도 점점 길어진다. 마침내 5세가 되면 어른들과 무리 없이 일상적인 대화를 나눌 수 있다. 한편, 말을 배우는 처음에는 발음과 문법도 자주 틀린다. 하지만 주위 사람들로부터 '그건 이렇게 말하는 거야'라고 직접적으로 가르침을 받거나 올바른 소리를 들으며 스스로 교정해 간다.

미국아기가 엄마 아빠의 울타리에서 벗어나 스스로 말을 하듯이, 우리도 능동적으로 말할 수 있어야 한다. 음성파일만 듣고 수동적으로 따라하는 것과, 본인이 직접 영어로 말하는 것은 천지차이이다. 문장을 몸에 입력하는 것만으로는 한계가 있다. 알고 있더라도 상황에 맞게 출력하는 연습을 해야 입을 열 수 있다. 직접 말하기 연습을 해야 스스로 확신하기 어려운 애매한 문장들을 확인할 수 있는 기회가 생긴다. 직접 써봐야 내가 기억하지 못하는 문장이 뭔지, 어느 부분이 헷갈리는지 정확히 파악된다. 손수 사용해 보면서 불확실한 부분을 점검하고 올바른 표현을 배울 수 있다. 써보며 체크하고 수정하는 과정이 누적되면 언어적 자산이 점점 불어날 것이다. 그리고 이런 문장들을 활용해서 의사소통을 하면 살아 있는 영어가 된다.

　직접 영어 문장을 만드는 연습을 하다보면 순발력도 생긴다. 패턴을 응용하여 새로운 문장을 만드는 속도도 빨라진다. 그리고 같은 문장을 여러 번 만들면 그 문장은 완전히 익히게 되므로, 나중에는 한국어 의미만 생각해도 영어 문장이 입에서 자연스럽게 나온다. 또한 이렇게 만든 영어 문장들은 기억에도 오래 남는다. 무작정 외운 것이 아니라 체험을 통한 기억이기 때문이다. 아울러 단기기억장치의 내용을 꺼내어 문장을 만들다 보면 이 내용들이 장기기억장치로 자리를 이동하게 된다.

혼자 말하기 방법

혼자 말하기 연습은 아래의 두 가지 방법이 있다.

❶ 교재의 한국어 설명 보고 영어로 말하기

　저녁에 당일 복습을 하면서 같이 한다. 따라 말하기를 시작하면서 맨 처음 들었던 부분부터 연습한다. 방법은 간단하다. 교재에서 영어 문장은 가리고, 한국어 설명만 보면서 이를 영어로 말한다. 이때 입에서 술술 나오는 문장들은 아무 문제가 없다. 이 문장들은 이미 완벽하게 익힌 것이다.

　반면 술술 나오지 않는다면? 한국어 설명만 보고 바로 영어 문장이 떠오르지 않는다면 우선 가만히 생각해본다. 10초 이상 기억을 더듬어도 떠오르지 않는다면 더 이상 고민하지 말고 가렸던 문장을 본다. 더 생각한들 기억이 살아날 확률은 적다. 대신 눈으로 확인한 영어 문장을 큰 소리로 3회 읽는다. 모르는 단어일 수 있다. 그래도 읽어본다. 제대로 된 발음이 아니어도 괜찮다. 본인이 철자를 하나하나 살펴가며 큰 소리로 읽는다. 그러는 사이에 예전에 들은 발음이 생각이 날 수도 있다. 또는 다음에 올바른 소리를 들으면서 발음을 수정해도 좋다.

교재 보고 영어 말하기의 분량이나 시간은 본인이 정하기 나름이다. 다만 매일같이 반복하는 것이 좋다. 이 반복 계획은 본인이 편하게 세우면 된다.

❷ 영어로 혼잣말하기

학습량이 많아지면서 많은 문장과 표현법을 익혔기 때문에 이제는 영어로 혼잣말도 할 수 있다. 이를 적극 활용하여, 본인의 상황과 생각을 혼잣말 형식을 빌려 영어로 말하는 연습을 한다. 나중에는 영어 혼잣말이 습관이 되어 수시로 영어를 중얼거릴 것이다.

혼잣말은 다른 사람으로부터 틀렸다고 지적받을 일도 없고 창피할 일도 없다. 그리고 언제든지 할 수 있다. 시간에 구애받지 않고 하고 싶을 때 하면 된다. 누가 주제를 정해주는 것도 아니기 때문에 하고 싶은 말을 하면 된다. 얼마나 좋은가. 게다가 상대방이 없기 때문에 충분히 생각하고 천천히 말해도 된다. 또한 매일대일 영어 혼잣말 연습을 하다 보면, 일상생활이 반복의 연속이기 때문에 표현 역시도 반복되고 있음을 느낄 것이다. 이렇게 반복되는 표현들은 처음에만 어렵지, 한번 하고 나면 그 다음부터는 입에서 술술 나온다. 따라서 표현의 범위도

넓어진다. 시간적으로 여유가 있고 더욱 빠른 시간에 효과를 얻고 싶다면 이렇게 익힌 표현들을 따로 모아서 이 문장들만 별도로 복습하는 것도 강력하게 추천한다.

혼잣말 연습을 종일 할 필요는 없다. 위에서 얘기한 대로, 본인이 하고 싶을 때만 하면 된다. 시간 날 때마다 생각나는 표현을 소리 내어 말하면 된다. 또는 학습한 내용에서 떠오르는 것을 큰 소리로 말해도 된다. 보통은 시간과 장소에 관계없이 무의식적으로 입에서 영어가 튀어나오기 때문에 이를 시발점으로 하여 혼잣말을 계속하는 경우가 많다. 수시로 중얼거리다보니 가끔은 이상한 사람으로 오해받을 수 있지만 개의치 말자. 영어 실력의 일취월장으로 보답이 올 것이므로.

영어 혼잣말, 어떻게 할까?

영어 혼잣말의 방법을 구체적으로 알아보자. 먼저 머릿속에 본인이 하고 싶은 말을 우리말로 떠올린다. 우리말은 가급적이면 그동안 본인이 학습한 영어 문장과 비슷한 수준이어야 한다.

이때 같은 의미의 영어 문장을 그동안 학습했고 기억에 남아 있다면, 입에서 저절로 나올 것이다. 그러면 큰 소리로 소리 내어 3회 말한다. 그런데 그 의미의 영어 문장을 배우지 못했다면 그동안 배운 내용 중에서 가장 비슷한 패턴을 이용하여 원하는 의미의 영어 문장을 만든다. 바로바로 떠오르지 않는다면 의식적으로 주어와 동사들을 하나하나 채워가면서 문장을 만들어도 좋다.

비슷한 패턴도 배우지 못했다면, 다른 패턴을 이용하여 유사한 의미의 문장을 만든다. 처음에는 반드시 의도적으로 문장 만드는 연습을 해야 한다. 그래야 속도도 점점 빨라지고 이것이 몸에 습득되면 나중에는 생각하지 않아도 자연스럽게 나온다. 문장을 만든 이후에는 큰 소리로 3회 말한다. 이때는 한 개의 영어 문장이 될 수도 있고, 여러 개의 문장이 될 수도 있다. 예를 들어서 '나는 너보다 나이가 많아.'를 영어로 표현한다고 하자. 이때는 비교급이 필요하다. 하지만 비교급을 배우지 못했더라도 얼마든지 다른 표현을 이용해서 비슷하게 말할 수 있다. '나는 25살이야. 너는 21살이야. 따라서 내가 형이야.' 이런 식이다. 이 방식은 비록 비교급 문장은 못 만들었지만 짧은 문장 3개는 확실히 내 것으로 만들 수 있다. 이런 융통성은 실제 대화에서도 매우 유용하게 써먹을 수 있다.

어떤 경우에는, 문장구조는 알지만 영어 단어를 고를 수도 있다. 예를 들어서 '나는 오후에 선풍기를 고쳐야 한다.'를 말하고 싶은데, '선풍기'와 '고치다'라는 단어를 모른다고 하자. 그럴 때는 모르는 단어의 자리는 '음'으로 대체하고 나머지만 큰 소리로 말한다. 아마 아래와 같을 것이다.

"I should 음 음 in the afternoon."

그 후에는, '선풍기'와 '고치다'의 영어 단어를 검색해본다. 이때 주안점은 단어의 철자가 아니라 발음이다. 문자 학습이 아닌 소리 학습이기 때문이다. 발음기호를 보면서 두 단어의 발음을 익히고 나서, 이 두 단어를 제자리에 넣고 온전한 문장을 만들어 큰 소리로 3회 말해본다 (이 단계에서는 관사 등의 문법은 무시해도 좋다.).

"I should repair fan in the afternoon."

혼잣말을 하다보면 본인이 만든 문장이 맞는지 틀렸는지 모를 때가 있다. 기억이 확실하지 않기 때문이다. 애매한 부분은 잘 기억해 두자. 필요하면 메모를 해도 좋다. 그리고 저녁의 당일 복습 시간에 확인한다. 정 궁금하다면 지금 바로 번역 앱을 사용해서 확인해도 된다. 다시 한 번 말하지만 틀려도 괜찮다. 틀리는 게 당연하다. 내가 무엇을 헷갈리는지 확인하는 것만으로도 큰 수확이다. 모르는 게 뭔지 알아야 수정도 할 수 있지 않겠는가.

꿀팁

모르는 단어를 확인할 때 주의할 게 있다. 보통 영어 단어를 확인하는 방법은 두 가지이다. '선풍기'와 '고치다'라는 단어를 개별적으로 검색하는 방법과 '나는 오후에 선풍기를 고쳐야 한다'는 문장 전체를 검색하는 방법이다. 이때 통문장 검색법은 학습 효과가 떨어진다. 의미는 비슷할지라도 본인이 활용하려는 패턴이 아닐 수 있기 때문이다. 위의 예시에서 본인이 활용하는 패턴은 'I should / ~해야 한다.'이다. 그런데 번역 결과는 다를 수 있다. '~해야 한다'의 'should' 대신 'must'나 'have to'를 쓸 수도 있기 때문이다. 본인이 'must'나 'have to'를 이미 알고 있다면 큰 문제가 아니지만 모를 때는 혼란이 가중된다. 본인에게는 낯선 표현이기 때문에 번역이 제대로 되었는지 의심부터 든다. 또 생소한 표현이다 보니 말할 때에도 자연스럽지 못하고, 원래 의도했던 'should'는 놓치게 된다. 따라서 모르는 단어만 개별적으로 찾아서 본인에게 익숙한 패턴에 대입하는 것이 좋다. 그래야 그 패턴이 반복되면서 기억에도 오래 남는다.

꿀팁

혼잣말을 하라고? 무엇을 말해야 할지 난감할 수 있다. 혼잣말하기를 위한 예시를 제공한다.

❶ 상황 묘사하기

눈앞에 펼쳐진 주변 상황을 세부적으로 표현한다.

- 사람들은 무엇을 하고 있는가?
- 사람들은 어떤 옷을 입고 있는가?
- 사람들은 무엇에 대해 대화를 나누는가?
- 지금 어떤 일이 벌어지고 있는가?
- 그 원인은 무엇인가? (추정)
- 지금까지 어떤 일이 있었는가?
- 앞으로 어떤 일이 벌어질 것인가?

이 상황에서 내가 해야 할 말이 있다면 더욱 좋다. 계산하기 위해 줄을 서서 기다린다면 직원과의 대화를 미리 영어로 말해본다. 그리고 그 대화를 계속 이어간다. 가격 확인에서 그치지 않고 신용카드로 결제할 수 있는지, 현금결제만 가능한지, 할인이 가능한지, 포장이 가능한지 상상의 나래를 펼치며 대화를 이어간다.

❷ 자기 자신 묘사하기
자신의 생각, 상태, 행동 등을 말한다.

- 나는 지금 어디에 있는가?
- 나는 어디에 갔었고, 어디를 갈 것인가?
- 나는 무엇을 입고 있는가?
- 나는 지금 무엇을 하고 있는가?
- 나는 오늘 무엇을 했고 앞으로 무엇을 할 것인가?
- 나는 지금 무슨 생각을 하고 있는가?
- 나는 무엇을 듣고 보았는가?
- 나는 무엇을 먹었는가?

❸ 지나가는 행인에게 묻기
물론 실제로 묻는 것이 아니다. 혼잣말로만 물으면 된다. 지나가는 사람을 보자마자 머릿속에 떠오른 것을 물어보면 된다. 혼자 묻고 혼자 대답하는 자문자답 식으로 답변까지 하면 더욱 좋다. 실제로 외국인과 대화할 때 매우 유용하다.

- 어디 가세요?

- 무슨 생각을 하세요?

- 그 이유는 무엇인가요?

- 지금 뭘 하고 있나요?

- 무슨 일 하세요?

- 가족관계는 어떻게 되나요?

- 취미가 무엇인가요?

- 점심은 드셨나요?

- 어떤 메뉴를 먹었나요?

- 어떤 영화를 가장 좋아하세요?

- 언제가 가장 즐거우세요?

STEP 9.
실전 회화 연습하기

　혼잣말하기가 무리 없이 할 수 있는 수준이 되었다면 실전 회화로 넘어가자. 지금까지 차곡차곡 쌓아온 실력을 바탕으로 실전 영어 대화에 도전한다. 얼굴을 마주보고 얘기를 나누면서 그동안 몸으로 익힌 영어를 마음껏 발산하는 시간이다.

　부담을 가질 필요 없다. 긴장할 필요도 없다. '아직 그럴 실력은 아닌데'라며 겸손할 필요도 없다. 그럴 실력이 아니니까 더 연습하자는 거다. 이제는 몸으로 부딪치면서 배워야 하는 단계다. 그렇지 않으면 한 단계 진일보할 수 없다. 설령, 입이 얼어붙더라도 자책할 필요 없다. 분명히 뭔가 배웠다. 먼저 얼굴을 마주보며 영어로 대화하는 분위기에 익숙해지고 있다. 혼잣말하기와는 달리, 얼굴을 직접 마주하면 대화 속도도 빠르기 때문에 처음에는 낯설 수밖에 없다. 또한 다른 사람들의 영어를 듣는 동안 알게 모르게 영어를 배우게 된다. 참여 횟수가 늘수록 분위기에 적응된다.

중요한 것은 실력이 아니다. 자신감 있게 말하기다. 한국 사람이 가장 취약한 점 중 하나는 외국인이 못 알아듣고 'pardon?', 'sorry?'라고 되물었을 때다. 한국 사람들은 이 말을 들으면 바로 화살을 자신에게 돌린다. '내 발음이 그렇게 이상한가?' '문법이 틀렸나?' 창피하고 부끄러워서 얼굴이 빨개진다. 대화를 계속 진행하다가는 더 큰 창피를 당할 것 같아서 대화 자체를 꺼린다.

이제부터는 화살의 방향을 안에서 밖으로 돌리자. '쉬운 문장으로 말했는데, 왜 못 알아듣지? 다시 한 번 설명해주자.'라고 마음을 고쳐먹자. 초급자가 어려운 문장으로 말할 리가 없다. 따라서 '내 잘못이 아니다.'라고 생각하고 자신감을 유지하자. 그렇다고 상대방을 비난하면 안 된다. 중요한 점은 '내가 틀리지 않았다.'는 것이다. 그리고 나서 조금 천천히, 혀를 덜 굴려서 조금 더 또박또박 이야기한다. 살짝 웃어주는 여유까지 있으면 금상첨화다. 그래도 상대방이 못 알아듣는다면 긴장하지 말고 다시 한 번 또박또박 천천히 말해준다. 그가 'OK' 할 때까지 계속하겠다는 마음으로 자신감을 잃지 않는 것이 중요하다. 필요시에는 상대방의 반응에 맞추어 대응을 달리하면 되고, 같은 의미의 다른 단어 혹은 다른 패턴의 문장으로 말하는 것도 좋은 방법이다.

실전 영어 회화 참여 기회

한국에서 실전 영어 회화에 참여할 수 기회는 여러 가지가 있다. 여기에서는 접근성이 용이하고 가성비가 높은 데 반해, 일반인에게 아직 알려지지 않은 3가지 방법을 소개한다. 학원은 너무 잘 알려져 있으므로 제외한다.

❶ 영어 회화 스터디 참여하기

회화 연습을 희망하는 사람들끼리 모여서 회화 스터디를 하는 모임이다. 보통은 한국 사람들만 모여서 진행하는데 외국인이 참여하는 모임도 여럿 있다. 본인이 원하는 모임을 선택하면 된다. 서울뿐 아니라 전국적으로 이러한 영어 모임은 굉장히 많다. 요일도 제각각이어서 시간 맞추기도 용이하다. 보통은 실력에 따라 초급반, 중급반, 고급반으로 구분된다. 각자의 실력을 고려하여 본인에게 편리한 지역과 시간대의 스터디에 참여하면 된다. 학원이 아니므로 부담을 가질 필요는 없다. 가볍게 즐긴다는 생각으로 임하자. 틀려도 좋다. 분위기만 저해하지 않는 이상, 영어 실력으로 서로를 비난하거나 무시하는 일은 거의 없다고 보면 된다. 왜냐하면 그들도 똑같은 과정을 겪었기 때문이다.

모임을 선택할 때는 가급적 오랫동안 유지되고 있는 곳이 좋다. 체계적으로 운영되고 있다는 증거다. 그리고 비슷한 수준의 사람들끼리 같이하는 것이 중요하다. 본인보다 너무 잘해서 일방적으로 상대방의 말만 듣거나 혹은 본인보다 너무 못해서 시시해지면 안 된다. 실력이 균일하지 못하면 만남이 계속 이어질 수 없다. 어느 한쪽에 도움이 안 되면 만날 필요가 없기 때문이다. 실력이 비슷해야 서로 부담이 없고 재미를 느낄 수 있다.

스터디 진행 방식은 대부분 유사하다. 보통 2시간으로 구성되고, 특정 주제와 그에 해당하는 지문 2~3개가 매주 새롭게 주어진다. 그리고 각 모임마다 스터디를 진행하는 리더가 있다. 보통 성격이 활발한 사람들이 많이 한다. 처음에는 서로 인사를 나눈다. 초행인 사람이 있으면 소개하는 시간도 갖는다. 그런 뒤 다 같이 영어 지문을 읽는다. 그리고 의미를 모르는 표현이나 단어들에 대해 서로 물어가며 확인한다. 지문 아래에는 지문과 관련된 질문들이 3~5개 정도 준비되어 있는데 리더가 참여자들에게 골고루 질문을 한다. 보통은 한 질문에 대해 모두가 한 번씩 답변을 하고나서 다음 질문으로 넘어간다. 이때부터는 프리토킹(free-talking)이다. 지정된 사람이 대답을 한 이후에는 거기에 대해 자유롭게 본인의 생각을 이야기하면 된다. 답변을 들으면서 궁금한 점이 생겼다면 바로바로 물어봐도 된다. 굳이 그 사람이 아니어도 스터디에 참여한 모두에게 물어봐도 된다. 정말 가볍게 임하면 된다. 편하게 대화를 하기 때문에 대화 내용은 삼천포로 빠지는 경우가 대부분이다.

〈스터디의 대화 예시〉

주제 : 한국의 명절

질문 : 명절에 먹는 음식 가운데 어떤 음식을 제일 좋아하는가?

리더 : K는 어떤 명절 음식을 제일 좋아해요?

   K : 나는 떡국을 제일 좋아해요. 따뜻한 국물을 마시면 몸이 따뜻해져

서 좋아요. 그리고 부드러운 떡국 떡이 맛있어요.

A : 나는 떡국 떡 먹으면 나이 한 살 더 먹는 것 같아서 싫던데.

B : 마찬가지야. 그래서 나도 절대 떡국 안 먹어.

A : 먹는 얘기하니까 배고프다. 스터디 끝나고 밥 같이 먹어요. 근처에 맛집 하나 발견했어요.

리더 : (농담조로) 근처에 떡국 파는 데는 없어요?

A, B : (웃으면서) 떡국 안 먹는다니까요!

리더 : B는 어떤 명절 음식을 제일 좋아해요?

이와 같은 식이다. 단지 우리말이 아니라 영어로 진행된다는 게 다를 뿐이다. 충분히 수다가 이어지면 리더가 그날의 주제로 화제를 돌린다. 대화의 방향이 옆으로 샜다고 리더에게 전혀 미안해할 필요 없다. 원래 이런 식이다. 그래서 열심히 참여하다보면 스터디가 웃기고 재미있어진다. 참여자 중에 유난히 개그 감각이 있는 사람이 있으면 더욱 그렇다. 이 재미 때문에 계속 스터디에 참여하고 싶어진다.

: 영어회화 모임의 시간 구성의 예 :

20분	인사 / 소개
40분	주제 1
10분	쉬는 시간
40분	주제 2
10분	마무리

스터디의 가장 큰 장점은 리더가 질문에 대한 답변 기회를 모든 사람에게 최대한 공평하게 부여한다는 점이다. 한마디도 못하고 스터디가 끝나는 상황은 절대 벌어지지 않는다. 최소한 각 질문당 한 번씩의 답변 기회는 보장된다. 답변 기회를 받으면 본인의 생각을 천천히 말하면 된다. 느리게 말해도 괜찮다. 리더가 본인에게 말할 시간을 주었기 때문에 아무리 자유로운 분위기의 스터디라도 답변 시간만큼은 다들 기다려준다. 게다가 다른 사람들 역시 본인의 답변을 준비하느라 정신이 없다. 능숙하게 대화를 이끌어갈 정도라면 이 자리에 있지도 않을 것이다. 기회는 늘 충분히 제공되므로 시간과 돈을 낭비할 확률은 드물다.

또 하나의 큰 장점은 비용이 매우 저렴하다는 점. 2시간 스터디에 1회 참여하는 비용은 보통 3,000~7,000원이다. 스터디룸 대여료로 쓰이며 각종 차와 음료가 무제한으로 제공된다. 커피 한 잔 값으로 영어 말하기 연습도 실컷 하고, 새로운 친구들도 사귈 수 있고, 차와 음료도 마실 수 있으니 일석삼조다. 나도 영어에 대한 감을 잃지 않기 위해 가끔씩 참여하고 있다.

또한, 함께 어울려서 대화를 나누는 것 자체만으로도 재미가 있다. 대부분 대화 주제가 딱딱하지 않고 가볍다. 설령 대화 주제가 딱딱해도 대화는 대개 가볍게 이루어진다. 학원 강의처럼 일방적이지 않기 때문에 사람들과 편하게 농담도 주고받게 된다. 깔깔대고 웃는 사이에 시간이 총알처럼 지나간다. 새로운 사람들의 일상 얘기도 듣고 그들과 인맥을 쌓는 것은 덤이다. 이 시간을 잘 활용하면 영어 연습도 하고 실컷 웃고 떠들 수 있는 알찬 시간이 될 것이다. 나 같은 경우에는, 주말의 짧은 스터디 시간이 지루한 일상을 벗어날 수 있는 좋은 기회이자 생활의 활력소가 되었다. 그래서 주중에는 빨리 주말이 오기를 손꼽아 기다릴 정도였다.

꿀팁

한국 사람들끼리 영어로 말하는 게 큰 도움이 될까? 당연, 엄청난 도움이 된다. 예전에 강남역에서 영어회화 동호회를 운영할 때의 일이다. 예정된 모임이 갑자기 취소되어서 우연히 우리 모임에 참여한 사람과 같이 스터디를 하게 되었다. 그런데 그의 영어 실력이 대단했다. 조금도 막힘없이 영어로 말을 했고 영어 발음도 매우 자연스러웠으며 말하는 속도도 굉장히 빨랐다. 그래서 나는 속으로 '이 사람은 영어권 국가에서 살다왔거나 영어권 국가에서 태어나서 자란 게 틀림없다. 그렇지 않고서는 이렇게 영어를 유창하게 잘할 리가 없다'라고 생각했다. 쉬는 시간에 그에게 영어공부 비결을 물었다. 나만 궁금한 게 아닌 모양이었다. 다들 질문을 쏟아냈다. 그런데 그의 대답은 우리를 깜짝 놀라게 했다. 그는 영어권 국가에는 가본 적도 없는 토종 한국인이었다. 그는 이렇게 말했다.

"나도 영어공부를 하겠다고 결심하고, 한국인으로 구성된 영어 스터디에 처음 참여했다. 당시 나의 영어실력은 'I am a boy.' 밖에 못하는 왕초보였다. 게다가 사람들과 얼굴을 마주보면서 말해야 했기 때문에, 너무 긴장해서 입이 덜덜덜 떨렸다. 부들부들이 아니고 경운기 엔진처럼 덜덜덜 떨었다. 그렇게 부끄러움과 함께 첫 스터디를 마치자 오기가 생겼다. 그것이 매일 퇴근 후에 영어에 집중할 수 있었던 계기가 되었다. 그리고 매주 주말마다 영어회화 스터디에 참여하면서 회화연습도 지속적으로 했다."

그리고 마침내 9개월 만에 모두가 놀랄 정도의 실력을 갖게 되었다고, 그는 설명했다.

누구나 처음에는 두려움이 앞선다. 내가 참여하던 모임은 마지막 시간에 그 날 대화한 내용을 많은 사람 앞에서 발표하는 시간이 있었다. 나는 모임 날 아침마다 '제발 발표자로 지정되지 않았으면 좋겠다'고 생각했다. 그런데 스터디에 참여할수록 두려움은 점점 사라졌다. 어느 순간 나도 모르게 영어로 말하면서 다른 사람들과 깔깔대고 웃고 있는 나 자신을 발견하였다. 심지어 그토록 두려워하던 발표마저 당당하게 하고, 다른 사람들의 질문에 재치 있고 유머러스하게 대답하며 다른 사람들을 웃게 만들 때는 나 자신이 대견스럽기도 했다. 나중에는 스터디의 전체 리더가 되어 1년 6개월 동안 운영하기도 했다.

꿀팁

외국인들과 실제로 대화를 하다보면, 본인의 발음과 그들의 발음이 다른 경우가 있다. 그럴 때에는 그들에게 어떻게 발음해야 되는지 물어보자. 물어보면 알겠지만 친절하게 알려준다. 물어볼 타이밍을 놓쳤다면 외국인이 말하는 것을 잘 기억해두었다가 다음에 그와 똑같이 말하려고 시도해 보자.

중국어를 공부하던 시절, 혀를 뒤로 살짝 말면서 소리 내는 [r] 발음이 중국어에도 있는 줄 전혀 몰랐다. 왜냐하면 음성파일의 성우들이 그렇게 말하는 것을 한 번도 못 들었기 때문이다(이제 와서 돌이켜 보면, 그 성우들은 중국 현지인은 아니었던 것 같다.). 그런데 길을 헤매고 있는 중국 여자를 돕기 위해 대화를 하다가 그녀가 혀를 말면서 소리를 내고 있다는 것을 발견했다. 나는 용기를 내어 '그건 어떻게 소리 내는 거야?'라고 물었다. 그녀는 재밌다는 표정을 지으며 직접 혀를 마는 모습을 내게 보여주었다. 나도 그 자리에서 바로 똑같이 따라해 보았다. 그녀와 나는 같이 크게 웃었다. 지금도 그 소리를 말할 때마다 그때가 떠오른다. 몸으로 배운 것은 절대 잊히지 않나 보다.

❷ 언어교환 앱을 이용한 채팅

언어 교환(language exchange)은 상대방에게 자신의 모국어를 가르쳐주고, 그 대신 상대방의 언어를 배우는 것을 일컫는다. '너에게 한국어를 알려줄게. 대신 나에게 영어를 알려줘.' 이런 방식이다. 그래서 외국어 공부도 할 수 있고 외국인과 친분도 쌓을 수 있는 유익한 방법이다. 우리가 영어를 배우고 싶어 하듯이, 외국인들도 한국어를 배우고 싶어 한다. 한류로 인해 아시아권에서는 한국어 인기가 특히 높다.

언어교환 앱을 이용하는 것은 '영어 혼잣말하기'와 비슷하지만, 더 이상 혼잣말이 아니다. 허공에 대고 혼잣말을 하는 대신, 앱에 있는 실제 외국인과 대화를 나눈다. 우리가 카카오톡으로 대화를 주고받는 것과 동일하다. 단지 영어를 사용할 뿐이다. 그렇기 때문에 언어교환 앱을 활용하는 것은 장점들이 많다.

먼저, 손쉽게 언어교환 파트너를 찾을 수 있다. 예전에는 보통 인터넷 카페를 통해 파트너를 구해야 했고, 또 반드시 오프라인에서 만나야 했다. 하지만 스마트폰의 발달로 언어교환 방법이 달라졌다. 이제는 전 세계의 파트너들을 손바닥 안에서도 찾을 수 있다. 그리고 굳이 오프라인에서 만날 필요 없이, 지구 건너편에 있는 외국인과 실시간으로 대화를 나눌 수 있다. 스마트폰 시대를 사는 현대인들에게는 가장 쉽고 경제적이다. 더 나아가 매우 간단하게 외국인 친구를 만들 수 있는 방법이기도 하다.

다른 장점은, 실시간 채팅임에도 불구하고 준비할 수 있는 시간이 충분하다는 점이다. 실시간이기는 하나 내가 즉각적으로 응답할 필요는 없기 때문이다. 상대방의 문자나 음성을 여러 번 반복해서 듣고 보면서 의미를 다시 확인해도 되고, 내가 말할 영어문장을 여유 있게 준비해도 된다. 필요한 경우에는 통번역 앱을 이용할 수도 있다. 따라서 외국인과 이야기를 나누다가 대화가 안 통해서 서로 불편하고 민망했던 상황을 더 이상 겪지 않아도 된다.

또 다른 장점은, 외국인들과 직접적인 대화를 통해 생생한 현지 언어를 배울 수 있다는 점이다. 그들은 원어민이다. 원어민과 말하기 연습도 하고 그들의 발음과 표현법도 배울 수 있는 매우 좋은 기회다. 게다가 실제 대화이기 때문에 생동감도 있다. 돈 주고 사기 어려운 경험을 무료로 하는 셈이다. 외국인과 얼굴을 마주보고 대화하기 전의 리허설 단계라고 보면 적당할 것 같다.

그리고 마지막 장점은, 언어교환 채팅도 문자와 음성메시지 둘 다 지원하기 때문에 초급자들도 부담 없이 즐길 수 있다는 사실이다.

나는 언어교환 앱을 활용해서 한국어 실력을 키운 외국인들을 많이 보았다. 그중에서 한 중국인이 가장 기억이 남는다. 그의 한국말이 그다지 유창하지 않아서 기본적인 대화만 나눈 채 첫 대화를 마쳤다. 그리고는 서로 바빠서 20일 정도 연락을 못하다가 오랜만에 그에게 연락을 해보았다. 그런데 그 사이 이 친구의 한국어 실력이 몰라보게 늘었다. 무슨 일이 있었는지 물었다. 그 친구 왈, 나와 연락이 없던 동안, 다른 한국인과 많은 대화를 나누어서 그렇단다. 단순히 대화만 나누어서 그랬다고 믿기에는 고개가 갸웃거렸지만 그의 말을 못 믿을 이유도 없지 않은가.

대표적인 언어교환 앱은 헬로우톡(HelloTalk Learn Languages)이다. 세계 최초의 외국어 학습 및 언어교환 소셜 네트워킹 앱이다. 무료로 다운받을 수 있다. 이 앱을 통하면 거의 전 세계 국가의 현지인들과 연결이 가능하며 100여개의 외국어를 접할 수 있다. 외국인과 직접 대화를 나누고 교류할 수 있다. 헬로우톡은 전 세계에 존재하는 모든 메신저들의 장점만을 다 모아 놓았다는 생각이 들 정도로 좋은 기능들을 많이 가지고 있다. 특히, 언어교환 앱인 만큼 외국어 학습에 필요한 다양한 기능들을 가지고 있는데 그중에서 가장 자주 사용하는 기능은 번역이다. 그래서 외국어를 읽지 못해도 한글로 의미를 파악할 수 있다. 게다가 상대방이 보낸 외국어 문자 메시지의 발음 기호도 제공해준다. 그 문자 메시지를 음성으로 읽어주기도 한다. 이 소리를 따라 말하는 것도 좋은 공부 방법이다. 이처럼 상대방의 문자 메시지를 ❶ 눈으로 읽을 수도 있고, ❷ 발음기호를 보면서 읽을 수도 있고, ❸ 혹은 문자를 소리로 전환하여 귀로 들을 수도 있다.

놀라운 기능이 한 가지 더 있다. 그것은 음성메시지를 문자메시지로 변환해주는 기능이다. 음성메시지를 보낼 때와 받을 때 둘 다 가능하다. 그래서 외국인의 음성 메시지가 이해되지 않으면 이를 문자로 변환시켜 번역을 거치면 의미를 확인할 수 있다.

언어교환 앱을 사용할 때, 이것이 이성 친구를 만드는 채팅앱이 아닌 언어 학습을 위한 앱이라는 사실을 잊어서는 안 된다. 그래서 헬로우톡에서도 외모로 상대방을 판단하지 못하도록 프로필 사진 확대를 지원하지 않는다. 그리고 파트너 검색 필터에도 성별 구분이 없다. 또한, 외국인을 상대하기 때문에 개인 신변에도 항상 주의해야 한다. 대화 초기부터 본인의 다른 메신저 아이디를 물어보거나 개인 신상 정보를 물어보는 경우에는 각별히 신경 써야 한다. 학습이라는 고유의 목적을 넘어서 실제로 만남을 요구하거나 연관 없는 부탁을 하는 경우에도 적절히 대처하여 불의의 사고를 당하지 않도록 조심하자. 어디까지나 외국어 학습이 주 목적임을 절대 잊지 말자.

❸ 외국인 모임 참여하기

이제부터는 실제로 외국인을 만나서 얼굴을 마주보고 대화하는 단계이다. 이를 위해서는 외국인들을 만날 수 있는 모임에 참여하는 것이 가장 쉽고 간단하다. 외국인 친구를 만들 수 있는 좋은 기회이기도 하다. 이런 모임들은 대부분 특별한 진행 형식이 없고 대화의 주제도 없다. 나누고 싶은 대화를 자유롭게 나누면 된다. 딱히 형식이 있는 게 아니므로 사교모임이나 소규모 파티라고 보면 정확할 수 있다. 다만, 그런 이유로 술자리가 있을 수도 있다. 친교의 자리이기는 하지만 그래도 1차 목적은 언어임을 잊지 말자.

외국인 모임 중 아래 3가지 모임을 소개한다.

— 〈MEET-UP〉

'MEET-UP'은 사전적인 의미로 '만나다'라는 말이다. 실제 모임도 단어 뜻 그대로 다양한 국적의 사람들을 만날 수 있는 글로벌 커뮤니티다. 웹페이지와 스마트폰 어플 둘 다 운영하고 있다. 2017년 기준, 전 세계 180여 개국에 약 3천만 명의 회원을 보유하고 있다. 이 커뮤니티에는 약 27만 개의 소모임이 형성되어 있는데, 이 숫자는 전 세계에 개설된 모임의 총 개수를 의미한다. 해외로 여행을 가거나 이민을 가더라도 이 커뮤니티를 통해 현지의 다양한 모임에 참석할 수 있다.

'MEET-UP'에는 다양한 주제의 모임들이 있다. 언어교환 모임과 외국인 친구 만들기 모임이 가장 많다. 그리고 여러 국가와 외국어로 구성되어 있다 보니 다양한 조합의 외국어 언어 교환 모임이 있다. 나는 중국 상하이에 가서 영어-중국어 언어교환 모임에 참여한 경험이 있다. 이밖에도 정치, 등산, 캠핑, 마라톤, 맛집 탐방, 음악, 영화, 종교, 예술, 춤, 패션, 뷰티, 사업 등등 다 열거하기 힘들 만큼 방대한 주제의 소모임이 개설되어 있다. 취미생활도 즐기고 외국인 친구도 만들고 영어 실력도 향상시킬 수 있는 일석삼조의 활동이다. 나아가 나이별/계층별 모임도 존재한다. 20대, 30대 여성 모임도 있고, 성별 구분 없이 30대, 40대 모임처럼 연령별 모임도 있다.

이용방법은 간단하다. 먼저 본인이 희망하는 도시를 입력하면 그 도시에 있는 'MEET-UP' 소모임이 각 주제별로 정렬된다. 그중 원하는 주제의 소모임에 가입한다. 가입을 마치면 추후에 이메일이나 스마트폰의 푸시(push) 기능을 통해 알림을 받을 수 있다. 또는 수시로 'MEET-UP'에 접속하여 모임 일정을 직접 확인해도 된다. 모임이 너무 많다고 생각되면 정렬 기능을 활용하자. 회원 수가 가장 많은 순, 가장 활동적인 순, 가장 최신 순, 가장 가까운 거리 순 등으로 정렬해서 본인이 원하는 모임을 찾을 수 있다.

'MEET-UP'의 가장 큰 장점은 본인의 취향에 맞는 모임 참석이 가능하다는 점이다. 다른 모임들은 보통 특별한 주제 없이 프리토킹(free-talking)으로 진행되는 경우가 많다. 하지만 'MEET-UP'은 모임의 주제가 명확하기 때문에 하나의 공통된 관심사를 바탕으로 대화가 진행된다. 주제와 관련된 야외 활동을 하는 경우에는 다른 모임에 비해 친밀감과 유대감이 높다. 그리고 이 모임에는 한국인과 외국인이 같이 참석하기 때문에 폭넓은 교류가 가능하다. 영어가 조금 부족해도 다른 한국 사람들로부터 도움을 받을 수도 있으며 그들과 친분을 쌓을 수도 있다. 본인이 주도하여 새로운 모임을 만드는 것도 가능하다. 주제와 목적만 명확히 정하면 불과 5분 안에 새로운 모임을 만들 수 있다. 모험과 교류를 즐기는 분이라면 강력히 추천한다. 리더십 향상고· 본인의 경력 개발에도 큰 도움이 될 것이다.

— 〈FRIENDS IN KOREA〉

내가 가장 많이 참여했던 모임 중 하나다. 2004년부터 매주 토요일 저녁에 신촌에서 열린 작은 모임이 모태가 되었다. 지금은 규모가 성장하여 거의 매일 저녁마다 서울, 광주, 대구, 부산과 같은 전국 대도시에서 모임이 열린다. 서울 홍대의 'PLAY GROUND' 카페가 가장 대표적인 장소다.

모임의 종류는 두 가지이다. 먼저 외국인 파티다. 공식 이름은 'THE SEOUL ENGLISH PARTY'로 수십 명의 외국인과 한국인이 바에 모여 같이 술을 마시며 대화를 나눈다. 보통은 금요일과 토요일 저녁 7시에 시작하며 3시간 정도 진행된다. 입장료 1만 원을 내면 칵테일, 병맥주, 음료수 중 한 가지를 제공받는다. 그 다음부터는 본인이 희망할 경우에만 구입해서 마시면 된다. 처음 받은 맥주 한 병만 가지고 3시간 동안 있어도 아무도 술을 강매하지 않는다. 본인의 주량에 맞게 천천히 즐기면 된다. 파티가 끝나면 같이 놀았던 사람들끼리 2차를 가기도 한다. 근처의 술집으로 이동하여 대화를 계속 이어가거나, 클럽에 가서 신나게 춤을 추기도 한다. 보통은 홍대의 'mike's cabin'이라는 클럽에 많이 간다. 이곳은 외국인 사이에서도 매우 유명한 곳이다. 주말에는 빈자리가 없다. 이 모임은 외국인이 많아서 한국말보다는 외국어가 더 자주 귀에 들린다. 주문을 할 때에도 직원이 영어로 물어볼 정도다.

'FRIENDS IN KOREA'의 또 다른 모임은 커피숍에서 진행하는 언어교환 모임이다. 공식 이름은 'LANGUAGE EXCHANGE CAFE'다. 평일에는 저녁 7시부터 11시까지 4시간, 주말에는 오후 3시부터 6시까지 3시간 동안 진행된다. 방식은 같다. 1만 원의 입장료를 내고 들어가면 평일에는 무료 음료 2잔, 주말에는 무료 음료 1잔을 제공받는다. 입장하면 편한 자리에 앉아 다른 사람들과 대화를 나눈다. 이 모임은 앞에서 설명한 영어회화 스터디와는 성격이 많이 다르다. 외국인이 많이 참여하지만 대화의 주제를 별도로 지정해 주지 않기 때문에 주위 사람들과 하고 싶은 얘기를 마음대로 하면 된다. 그리고 리더도 없기 때문에 발언권도 따로 없다. 본인이 알아서 대화에 참여해야 한다. 따라서 먼저 주위 사람들에게 다가가서 말을 걸 필요가 있다. 다른 사람이 먼저 다가와서 말을 걸어줄 확률은 적다고 보면 된다. 만일 용기는 내지 않으면 혼자 차만 마시고 오는 불상사가 생길 수 있다. 마음을 열고, 밝은 얼굴 표정으로 먼저 사람들에게 다가가서 모임을 즐기자. 매너 장착은 필수이다.

'FRIENDS IN KOREA'에서는 스태프들을 모집하기도 한다. 기본적인 영어회화 실력만 되면 지원할 수 있다. 스태프가 되면 'FRIENDS IN KOREA'에서 주최하는 모든 이벤트와 모임에 무료로 참석할 수 있다. 음료와 칵테일 역시 무료로 제공된다. 하는 일은 간단하다. 파티 장소에 들어오는 회원들에게 이름표와 쿠폰을 나누어주고, 자리를 안내하며 전반적으로 모임의 흐름을 관리한다. 그리고 다른 스태프들과 번갈아 가며 모임에 참여할 수도 있다. 스태프가 되면 외국인들과 업무적인 대화를 나눌 기회가 많으므로 영어 실력 향상에 큰 도움이 된다. 참고로, 대학생의 경우 인턴 활동 증명서도 발급해준다.

자세한 내용은 www.friendsinkorea.com 또는 'THE SEOUL ENGLISH PARTY' 홈페이지에서 확인할 수 있다.

〈SEOUL PUB CRAWL〉

국내에는 외국인과 한국인이 함께 어울리며 즐기는 글로벌 파티들이 다양하게 있다. 그중에서도 서울 펍크롤은 외국인의 참여 비율이 70~80%에 이르는 외국인 중심 모임이다. 2014년 10월의 헬로윈 파티를 시작으로 현재까지 매주 토요일마다 홍대와 이태원을 중심으로 진행되고 있다. 아마 펍크롤(pub crawl)이라는 단어가 낯설 것이다. 이것은 40~80명의 참여자 모두가 하나의 큰 그룹이 되어, 캡틴의 인솔 아래 바 3곳과 클럽 1곳을 함께 즐기는 파티다. 이미 유럽과 북미는 물론 동남아시아에서도 흔히 접할 수 있는 파티 문화의 하나이다. 가격도 비싸지 않다. 참가비는 보통 2만 원 선인데, 이 가격에는 총 4잔의 술/음료가 포함되어 있다. 그리고 참가비에는 바와 클럽의 입장료도 포함되어 있기 때문에 추가로 입장료를 낼 필요가 없다. 이것만으로도 2~3만 원을 아끼는 셈이다. 본인이 술과 음료를 더 마시고 싶을 때만 돈을 내고 마시면 된다.

위에서 언급한 대로, 외국인의 비중이 높기 때문에 외국인들과 대화할 수 있는 시간이 매우 많다. 그리고 외국인 친구를 사귀고 싶은데 먼저 다가서기 어색하다면 캡틴에게 도움을 요청하면 된다. 캡틴이 자연스럽게 대화에 참여시켜 주면서 친해질 수 있는 기회를 제공한다. 전문 사진작가가 파티 모습을 촬영하기 때문에 좋은 추억을 남기기에도 좋다. 참여를 희망하는 사람은 아래 3가지 방법 중 하나를 골라 신청하면 된다. 미리 신청하면 얼리버드 할인도 받을 수 있다.

홈페이지 : www.seoulpubcrawl.kr

페이스북 : facebook.com/seoulpubcrawl

STEP 10.
해외여행으로 단기 어학연수 떠나기

 저가항공의 출현과, 현재를 중시하는 욜로(YOLO) 열풍으로 해외여행이 대세로 자리 잡았다. 나 역시도 해외여행을 매우 좋아한다. 내가 생각하는 해외여행의 묘미는 다른 국적의 사람들과 어울리는 것이다. 그 나라에 사는 현지인 또는 다른 나라에서 온 여행객들과 같이 맛집도 가고 관광을 한다. 그러면 단순히 둘러보기만 하는 여행과는 비교할 수 없는 큰 재미를 느낀다. 한마디로 여행의 질이 달라진다. 내가 이 맛에 빠져서 해외여행을 자주 가는지도 모르겠다.
 이제부터는 수박겉핥기식의 관광은 하지 말고 현지의 삶에 깊숙이 다가가는 여행을 해보자. 대화를 나누면서 그들의 삶에 몇 발자국 더 깊이 들어가 볼 수 있다. 그들과 공감대가 형성이 되고 친밀감을 느끼

면 여행은 더욱 즐거워진다. 동시에 그 나라에 대해 더 큰 애정을 갖게 된다. 그리고 그들로부터 기대치 않았던 많은 정보를 얻을 수 있다. 그들은 우리가 모르는 정보들을 훨씬 많이 알고 있기 때문이다. 반대로 생각해 보자. 서울의 버스에서 내릴 때 카드를 한 번 대는 것만으로도 대중교통 환승 할인을 통해 요금을 크게 낮출 수 있다. 하지만 외국인들이 이런 점까지 알기는 쉽지 않다. 이런 정보는 현지인들만이 아는 정보이다. 타국의 현지인들도 우리에게 이런 소소한 정보들을 알려줄 수 있다.

또한, 그들과 대화를 나누면 나눌수록 영어 실력도 늘어난다. 해외여행을 하면서 단기 어학연수를 하는 셈이다. '고작 며칠 한다고 얼마나 늘겠어?'라고 무시하면 안 된다. 언어는 일종의 습관이다. 자주 쓰면 습관이 된다. 여행을 하는 3~4일간 한국어를 쓰지 않고 영어만 사용하면 영어가 습관이 된다. 그래서 머리로 생각하지 않아도 자연스럽게 영어로 대화하고 있는 자기 자신을 발견할 것이다. 한국에 돌아와서도 갑자기 영어가 튀어나오기도 한다. 이런 식으로 여행을 한 번 다녀오면 여행기간이 짧을지라도 영어 뇌가 발달했다는 것을 스스로 느끼게 된다. 해외여행은 영어 실력을 업그레이드할 수 있는 좋은 기회다. 여행 비용이 전혀 아깝지 않다. 관광도 하고 외국인들과 즐겁게 여행도 하고, 동시에 단기 어학연수도 하는 일석삼조의 효과를 거둘 수 있다. 굳이 비싼 돈 내고 어학연수 갈 필요가 없다.

비행기표를 구매하면 출발일까지 틈틈이 영어공부를 하자. 여행 준비는 영어 표현을 익히면서 본격적으로 시작된다. 어렵고 복잡하게 할 것 없이 이 책에서 소개하는 '따라 말하기'로 쉽고 간단하게 공부한다.

그리고 외국에 도착해서는 외국인들과 대화하며 여행한다. 혹시 아는 가? 뭔가 신나고 멋진 일이 기다리고 있을지.

외국인과 대화하는 요령

해외여행을 다니면서 많은 친구들을 사귀었던 경험을 바탕으로, 외국인과 쉽고 어색하지 않게 대화하는 요령을 정리했다.

첫째, 모르는 길은 물론이고 아는 길도 물어라.
돌다리도 두들겨보고 건너라고 했다. 길을 알더라도 주위에 물어볼 만한 외국인이 있으면 주저하지 않고 물어본다. 모르거나 애매하면 더더욱 물어봐야 한다. 90% 이상이 친절하게 알려줄 것이다. 심지어 직접 데려다 주기도 한다. 같이 걸어가는 동안, 보통은 그들이 먼저 대화를 유도한다. '어디에서 왔냐?', '나도 한국 드라마 좋아한다.', '나도 한국 가고 싶다.' 등등.

여기서 대화가 잘 이루어지면 그들과 친구가 될 수도 있다. 그곳에 머무는 동안 다음에 다시 만나서 식사나 차를 같이 할 수도 있다. 길을 물어볼 때 상대방이 알려주는 말을 못 알아들을지 모른다는 걱정은 접어두자. 어차피 손으로 방향을 가르쳐주거나 오른쪽/왼쪽과 같은 뻔한 단어들이 나온다. 가리키는 쪽으로 가다가 다른 사람에게 다시 물어보거나 지도를 찾아보면 된다. 중요한 건 몸으로 부딪쳐 보는 용기다.

둘째, 식당에서는 음식이 훌륭한 대화 소재다.

식당은 외국인과 대화를 나눌 수 있는 최고의 장소 중 하나다. 일단 같은 공간에 있고 또 그 식당의 음식을 먹는다는 공통점이 있기 때문이다. 특히 유명한 식당에서는 합석할 기회가 매우 많아서 자연스럽게 대화를 시작할 수 있다. 외국인이 먹고 있는 음식을 가리키면서 어떤 메뉴인지 물어보는 것이 가장 쉽다. 또는 메뉴판을 보여주면서 뭐가 맛있는 메뉴인지 물어보는 것도 좋다. 이렇게 물어보기만 해도 상대방은 호기심이 생겨서 '어디서 왔냐? 이번이 몇 번째 여행이냐?' 이것저것 물어볼 것이다. 내가 말을 걸기도 전에 상대방이 먼저 메뉴에 대해 물어보는 경우도 있다.

셋째, 사진 촬영을 부탁하자.

매우 자연스러운 방법 중 하나다. 대부분 기꺼이 응해준다. 촬영에 대해 설명하면서 대화를 나눌 수 있다. 촬영이 끝난 후 다른 화제로 대화를 이어가도 된다. 가장 좋은 방법은 먼저 물어보는 것이다. 어느 나라에서 왔는지, 지금 어디에 가고 있는지, 근처에 또 다른 관광지가 있는지 등을 용기 있게 물어본다.

단기 어학연수의 효과를 극대화하려면, 궁금한 점이 있을 때 참지 말고 바로 물어야 한다. 영어로 대화하는 횟수와 시간을 최대한 많이 가져야 하기 때문이다. 그렇다고 해서 우리를 이상하게 여기지 않는다. 우리는 그들에게 외국인이기 때문에 우리의 질문을 당연하게 받아들인다. 몰상식한 이야기만 아니면 괜찮다. 그리고 우리가 그 점을 궁금해 한다는 사실을 그들은 신기하게 생각한다. 외국인이 우리에게 '한국에서는 김치를 매 끼니마다 먹는다며?'라고 묻는 것과 같은 이치다. 우리에게는 너무나도 당연하지만 외국인들은 이 사실을 매우 신기해한다.

또한 먼저 다가가서 말을 걸어야 한다. 가만히 있는데 누가 먼저 와서 말을 걸어주지는 않는다. 밝은 미소와 함께 대화를 시도하면 대부분 친절히 받아준다. 두려워할 필요 없다. 특별한 화제가 없을 경우에는 주변에 있는 사물이나 광고 등을 활용해서 대화를 이어가면 된다. 삼성 광고를 보았으면 핸드폰으로 이야기를 전개할 수 있다. 다만 위험한 상황은 피한다. 공공장소가 가장 안전하다.

내 영어가 틀려도 좋다. 자신 있게 대화를 했다는 사실이 더 중요하다. 이때의 경험이 계기가 되어 한국에 돌아와서는 더욱 열심히 영어를 공부할 것이다.

열심히 영어 공부한 당신, 떠나라!

5장

이 글을 읽으면 영어를 공부하고 싶어서 못 배길걸!

영어를 알기 전의 나와
알고 난 후의 나는 달라도 너무 달랐다

 '굳이 영어를 배워야 돼? 한국에서 먹고사는 데 문제없잖아? 해외여행 얼마나 간다고.'

 맞는 말이다. 영어를 못해도 한국에서 먹고사는 데 문제없을 수 있다. 그런데 사람이 오로지 생계 유지만을 위해 사는 건 아닐 테다. 오직 생계를 위한 삶은 우리가 추구하는 인생이 아니다. 게다가, 어려운 경제상황으로 한국에서 먹고사는 일도 점점 힘들어지고 있다.

 영어를 잘한다는 것은 단순히 언어 스킬을 가졌다는 의미 이상이다. 새 생명을 얻는 것이고, 새로운 세상으로 들어가게 해주는 열쇠를 소유하는 것이다. 한 사람의 인생을 바꾸어 놓을 수도 있다. 토익 점수가 목표였던 학생을 외국계 회사나 해외에 취업하게 해준다. 승진 시험이 목표였던 회사원을 외국 지사로 발령받게 해준다. 아이에게 직접 영어를 가르치는 것이 목표였던 전업주부를 영어강사로 만들어준다. 모태솔로에게 멋진 외국 애인을 만들어 준다. 은퇴한 노인을 관광통역사로 만들어준다. 영어를 못한다면 이런 일은 절대 벌어질 수 없다.

특히, 영어는 세계 공용어이기 때문에 전 세계로 활동 무대를 넓혀주는 엄청난 잠재력을 지니고 있다. 개그맨 김영철 씨는 영어를 잘하게 된 이후에 새로운 인생 목표가 생겼다고 한다. 자신의 이름을 걸고 영어권 국가의 코미디 무대에 서는 것이라고 한다. 한 통계자료에 따르면 국제기구의 85%가 영어를 공식 언어로 채택하고 있고 대중음악의 99%가 영어로 녹음이 되며, 인터넷에 있는 정보의 80% 이상이 영어 문자로 적혀 있다고 한다. 그만큼 국제기구, 외국계 회사, NGO 등으로의 취업 기회가 많아진다. 또한, 고급 정보들은 대부분 영어로 되어 있기 때문에 그만큼 최신 고급 정보들을 빨리 얻을 수 있다. 예를 들면, 요즘 화두가 되고 있는 4차 산업혁명과 관련 AR/VR 기술이 각광받고 있다. 하지만 한국어로 번역된 자료가 그다지 많지 않다. 그런데 한국의 한 고등학생은 이 분야에 흥미가 높아서 직접 구글에서 영어 자료를 찾아서 독학으로 기술을 익혔고, 마침내 창업까지 했다.

이처럼 영어는 새로운 세계를 눈앞에 펼쳐준다. 영어로 된 신문, 잡지, 재미있는 책들도 읽을 수 있다. 영화나 드라마를 볼 때 번거롭게 자막을 볼 필요가 없다. 배우들의 대사를 직접 듣기 때문에 자막이 옮겨주지 못하는 정확한 뉘앙스를 알게 되어 깊은 재미를 맛볼 수 있다. 친구들의 범위도 전 세계로 넓혀진다. 그들의 문화를 배우면서 삶이 풍부해지고 시야도 확장된다. 본인이 원하면 해외 취업도 할 수 있다. 해외여행을 가도 남다른 여행을 할 수밖에 없다. 나의 경우에는, 가끔씩 외국 친구들이 한국을 방문하면 서울에서 같이 놀러 다니곤 한다. 한국 친구들과 함께할 때 누릴 수 있는 재미와는 다른, 독특한 맛이 있다.

먹고사는 것과 관련해서도 영어를 배워야 하는 이유는 많다. 영어를 잘하면 특목고나 명문대 입학에도 유리하고, 높은 연봉을 받는 대기업으로의 입사도 수월해진다. 그리고 영어 실력은 승진과 연봉에도 영향을 미친다. 영어 실력에 따라 연봉은 5배까지 차이가 난다. 오죽하면 영어 때문에 발생하는 빈부격차를 '잉글리쉬 디바이드(English Divide)'라고 부르겠는가.

영어에 따른 생활수준의 격차는 우리나라에서만 벌어지는 일이 아니다. 공산국가인 중국은 더욱 극적이다. 중국의 농촌에는 일자리가 없다. 있어도 급여가 낮다. 월급이 우리 돈으로 50만 원 수준이다. 하지만 영어를 할 줄 알면 상황이 돌변한다. 상하이나 베이징 같은 대도시에서 일자리를 구하는 것도 쉽고, 급여도 우리 돈으로 150만 원 정도에 이른다. 3배 차이다. 영어 하나로 거주 환경과 급여가 180도 달라진다. 중국의 시골에 거주하는 젊은 층의 영어 갈증이 심한 이유다. 자국 언어에 대한 자긍심이 높았던 프랑스와 독일도 영어 교육에 열을 올리고 있다. 성장이 멈춘 경제 때문에 실업률이 고공행진을 하고 있기 때문이다. 아시아 국가들의 영어 열풍은 한국보다 더 거세다. 라오스의 영어영문학과는 5년제라고 한다. 그만큼 확실하게 영어를 가르치기 위해서다.

나는 영어를 알고 난 후로 세상을 바라보는 눈이 달라졌다. 전에는 보이지 않던 것들이 보이기 시작했다. 영어의 뜻을 알기 때문에 단어 하나를 봐도 보는 시각이 완전히 다르다. 영어와 연관된 부분들이 그동안 뿌옇게 보였다면 이제는 선명하게 보인다. 나도 영어 덕분에 남들이 선망하는 회사에 취업했다. 영어 인터뷰가 전혀 두렵지 않았다. 특히 나는 자기소개서에 영어 독학 경험을 넣었는데, 면접관은 이 부분에 큰 관심을 보였다. 질문도 영어 독학 과정에 집중되었다. 영어 면접이 아닌 일반 면접에서 나는 면접관의 요청에 따라 영어로 대답하기도 했다. 물론 조금도 주저하지 않고 하고 싶은 답변을 들려주었다. 결과는 합격이었다.

한편, 나는 취미로 중국어를 독학했다. 별도로 시간 내기가 어려워서 출퇴근하는 지하철에서 '따라 말하기'를 했다. 그런데 중국어를 할 줄 아니까 또 다른 세상이 열리더라. 그 전에는 막연하기만 하던 광활한 중국 대륙이 눈에 들어오기 시작했다. 10억이나 되는 중국 사람들이 하나둘씩 나의 친구가 되고 있다. 비즈니스 기회도 그만큼 눈에 많이 보인다. 영어가 나의 인생을 바꾸어 놓았는데 취미로 시작했던 중국어도 나의 인생을 30도쯤 더 방향을 바꾸도록 도와주었다.

이처럼 언어를 잘하는 것은 언어에서만 끝나지 않는다. 특히 영어는 토익 점수로 설명키 어려운 힘을 갖고 있다. 삶이 바뀌고 미래가 변한다. 흔히 사랑을 하면 세상을 보는 눈이 달라진다고 하지 않는가. 사람에 따라 다르겠지만 내게 영어는 사랑 못지않게 세상을 변화시켰다. 더욱 생산적이고 발전적인 미래를 보여준다. 더 나아가 자아실현에도 지대한 영향을 끼친다.

'뭔가 재미있는 일 없을까?' 아직 인생이 심심한가? 당장 영어공부를 시작하자. 흥미진진한 일이 기다리고 있다.

영어가
정말 쉽다는 증거

　알고 나면 덜컥 겁부터 먹게 되는 사실이 하나 있다. 영어는 전 세계 언어 가운데 가장 어휘가 풍부한 언어라는 사실이다. 프랑스어와 러시아어가 10만 개, 독일어가 18만 개, 우리말은 25만 개인데 영어는 무려 60만 개에 육박한다. 우리말의 2.4배다. 오랜 세월 전 세계의 공용어로 사용되는 가운데 수많은 외래어가 더해졌기 때문이다. 단어의 어원을 공부하다 보면 그리스어나 라틴어에서 유래되었다는 얘기를 들었음직하다. 이런 식으로 영어는 어마어마한 어휘를 갖게 되었다.
　그럼, 영어를 잘하려면 60만 개 단어를 다 알아야 하는가? 절대 그렇지 않다. 하버드 대학교 어학연구소의 연구 결과에 따르면, 미국인들은 1,000개의 단어로 대화의 90%를 진행한다고 한다. 그리고 1,200개의 단어가 전체 사용빈도의 99%를 차지한다고 한다. 이 1,200단어가 차지하는 99%에는 일상 대화는 물론이고 학문의 영역도 포함된다. 결국 59만 9천여 개 단어의 사용빈도가 1%도 안 된다는 의미이다. 실제로 의사소통을 하기 위한 영어 단어는 우리나라 중학교 수준이면 충분하다. 심지어 미국 대통령의 연설문도 중학생 수준의 영어로 작성을 한다.

더욱 놀랄 만한 이야기가 있다. 영어에서 가장 빈번하게 쓰이는 단어들은 무엇일까? 구글 검색을 통해 쉽게 찾을 수 있다. 예상 외로 우리가 너무나도 잘 아는 단어들이 상위권에 포진해 있다. 아래 인용한 부분을 살펴보자.

Instant Words
1,000 Most Frequently Used Words

These are the most common words in English, ranked in frequency order. The first 25 make up about a third of all printed material. The first 100 make up about half of all written material, and the first 300 make up about 65 percent of all written material. Is it any wonder that all students must learn to recognize these words instantly and to spell them correctly also?

Source: The Reading Teacher's Book of Lists, Fourth Edition, © 2000 by Prentice Hall
Authors: Fry, Kress & Fountoukidis

Words 1~25	Words 26~50	Words 51~75	Words 76~100
the	or	will	number
of	one	up	no
and	had	other	way
a	by	about	could
to	word	out	people
in	but	many	my
is	not	then	than
you	what	them	first
that	all	these	water
it	were	so	been
he	we	some	call

was	when	her	who
for	your	would	oil
on	can	make	its
are	said	like	now
with	use	into	long
his	an	time	down
they	each	has	day
I	which	look	did
at	she	two	get
be	do	more	come
this	how	write	made
have	their	go	may
from	if	see	part

    모르는 단어가 거의 없을 것이다. 사실 이 정도는 우리에게 기초 중의 기초다. 그런데 이 어휘 중 상위 25개의 단어가 영어 인쇄물 전체의 33%를 차지하고, 상위 300개의 단어가 미국인들의 의사표현의 65%를 차지한다고 한다. 네덜란드나 핀란드 같은 유럽 사람들이 영어를 잘한다고 해도 그들 역시 일상생활에서 자주 쓰는 1,000개 정도의 단어들을 숙달하여 말하는 것뿐이다. 영어로 소통하는 데 아무 지장이 없다.

    우리말도 마찬가지다. 고려대학교 언어연구원에 의하면 1,000단어만 알아도 한국 일상생활의 75%를 이해할 수 있다고 한다. 표준국어대사전에 실려 있는 단어가 3만 개 수준인데 1천 단어는 고작 0.3%에 불과하다. 잘 생각해보면 본인이 일상생활에서 쓰는 단어나 문장구조는 한정되어 있다는 것을 금방 알 수 있다. 말도 습관이기 때문에 본인이 즐겨 쓰는 표현법을 반복한다. 자주 사용하는 단어와 표현은 생각보다 매우 적다.

    아주 오래 전에 공룡이 살던 시기를 백악기라고 부른다. 학창시절에 한 번쯤은 들어보았을 단어다. 그런데 한국 사람이 일생동안 백악기라는 단어를 말하는 횟수는 거의 0에 가깝다. 이와 관련된 일을 하는 사람이 아니면 평생 한 번 쓸까 말까다. 그런데 우리말을 공부하는 외국인이 이 단어를 끙끙대며 외우고 있다면 당신은 뭐라고 이야기해주고 싶은가?

안타깝게도 우리가 여태까지 그렇게 살았다. '백악기'를 열심히 외우고 있는 외국인이 바로 지금까지의 우리들이다. 몰라도 되는 단어 그리고 평생 한 번 쓸까 말까 한 단어를 외우느라 열심히 에너지를 낭비하고 있다. 그러다 보니 정작 중요한 듣고 말하기는 해보지도 못하고 영어는 어렵다고만 생각한다.

A. 상황이 궁박하니 최대한 빨리 정정해서, 서류 지참하고 경일까지 출석하시오.
B. 상황이 어려우니 최대한 빨리 고쳐서, 서류 들고 내일까지 오세요.

위의 두 문장은 뜻이 똑같다. 하지만 첫 번째 문장은 한국인조차도 숨이 막히고 답답하다. 듣는 사람도 쉽게 이해하기 어렵다. 당연히 두 번째 문장으로 공부해야 한다. 영어도 마찬가지다. 일상생활에서 자주 쓰는 1,000여 개 핵심 단어를 바탕으로 듣고 말하는 연습을 해야 한다.

더 어렵다는 우리말도 잘 배우는데 영어를 왜 못 배워?

　한류의 영향으로 많은 외국인들이 한국어를 배우고 있다. 하지만 그들과 대화를 하다보면 어려워서 중간에 포기했다는 이야기를 종종 듣는다. 나는 그럴 때마다 주저하지 않고 말한다. '한국어가 세상에서 가장 어려운 언어 중의 하나'라고. 엄연한 사실이다. 우리말처럼 어려운 언어도 없다. 영어는 'yellow', 중국어는 '황'이라는 한 단어로 간단하게 표현하면 되는 노란색을, 우리는 '노랗다, 누렇다, 샛노랗다, 누르스름하다, 노르칙칙하다, 노르무레하다' 등 여러 단어로 표현한다. 게다가 이들 각 단어가 주는 표현상의 느낌도 약간씩 다르기 때문에 한국 사람들도 그 차이를 제대로 설명하기 어렵다.

　영어에서 3인칭 주어를 사용하게 되면 동사 끝에 's(es)'를 붙인다. 'he wants an apple.'이 쉬운 예이다. 나는 중학교에서 이 용법을 처음 접했을 때 미국 사람들은 참 대단하다고 생각했다. 왜냐하면 나는 그들이 머릿속에서 주어의 인칭을 따져가며 그때마다 's'를 붙여가며 말한다고 생각했기 때문이다.

그런데 알고 보니, 한국 사람들은 이보다 더 어려운 용법들을 구사하고 있었다. 한국어 문장에서 가장 먼저 직면하는 문제는 주격조사 대용으로 쓰는 보조사다. 주어의 마지막 음절에 받침이 있으면 보조사 '은'을 써야 하고 받침이 없으면 '는'을 쓴다.

[선생님 + 은] 집이 간다.
[누나 + 는] 집에 간다.

영어에서는 주어가 3인칭일 때만 변화를 주면 되지만 우리말은 주어를 사용할 때마다 주어의 마지막 음절을 확인해서 주격조사 대용인 보조사를 달리 써야 한다. 그리고 원래는 주격조사인 '이/가'를 '은/는' 자리에 써야 하는데 '이/가'를 쓸 때와 '은/는'을 쓸 때 의미가 살짝 달라진다.

[선생님 + 이] 집이 간다.
[누나 + 가] 집에 간다.

우리말을 더 어렵게 만드는 점은, 이와 비슷한 현상이 각 품사 뒤에 붙는 조사와 동사의 뒤에 붙는 어미에서도 발생한다는 사실이다. 특히 어미에 변화를 주어서 다양한 느낌을 만들어내는 용법은 우리말의 우수성이기도 하지만 동시에 외국인들에게는 엄청난 스트레스가 된다. 예전에 한국어를 배우던 한 외국 친구가 나에게 아래 문장들의 차이점에 대해 물어본 적이 있었다.

- 학교에 가니?
- 학교에 가냐?
- 학교에 갈 거야?
- 학교에 가겠니?

나는 이 문장들을 보자마자 말문이 막혔다. 대략 난감이었다. 딱히 뭐라고 꼬집어 설명할 수 없었다. 한참을 들여다 본 후에야 겨우 설명을 들려주었지만 '한국어가 정말 어렵구나'라는 생각이 그 시간 내내 머릿속에서 떠나질 않았다. 이 질문에 명쾌히 설명할 수 있는 한국 사람은 국어학자가 아니고서는 거의 없을 것이다.

게다가 우리말에는 다른 언어에는 없는 높임말도 있다. 높임말의 최고 정점은 압존법이다.

- 할아버지, 아버지가 왔습니다. (○)
- 할아버지, 아버지께서 오셨습니다. (×)

이처럼 용법의 복잡성을 놓고 본다면 한국어가 영어보다 훨씬 어렵다. 말을 할 때마다 머릿속에서는 계속해서 생각을 해야만 한다.

2008년 미국 국무성은 얼마나 쉽게 배울 수 있는가에 따라 전 세계의 언어를 1등급에서 4등급까지 분류했다. 그 결과, 한국어는 수천 개나 되는 언어 중에서 가장 어려운 언어 그룹인 4등급에 속했다. 미국인이 4등급에 속하는 언어를 배우기 위해서는 약 2,200여 시간이 필요하다고 한다. 반면 1등급에 속하는 스페인어나 프랑스어는 600여 시간이면 배울 수 있다고 한다.

한국어는 세계가 인정하는 고난도의 언어다. 하지만 이 어렵고 까다로운 언어를 우리는 아무런 불편함 없이 매일 사용한다. 그런 우리가 우리말보다 훨씬 쉬운 영어를 못할 이유는? 전혀 없다. 우리말을 사용할 줄 아는 사람이라면 누구나 자유자재로 영어를 말할 수 있다.

대한민국 사람들이 굉장히 똑똑하다는 사실을 아는가. 전 세계 국가의 평균 IQ 지수 순위에서 대한민국은 3위를 기록하고 있다. 1위와 수치상으로 별 차이가 없다. 이렇게 똑똑한 대한민국 사람들에게 영어는 사실, 큰 문제가 아니다.

한국 사람이라는 자부심과 영어를 정복할 수 있다는 자신감을 갖자. 그리고 새로운 방법으로 다시 한 번 도전하자.

똑똑한 당신, You can do it!

영어는 쉬운데
공부법이 어려워

    우리는 그동안 영어를 너무 복잡하고 어렵게 배웠다. 누군가가 우리를 걸러내기 위한 도구로 영어를 활용하면서 영어 교육은 본질에서 벗어났다. 그 때문에 우리의 진짜 영어 실력은 관심 밖이었다. 잘 알려진 사실이다. 세미나를 하다 보면 우리나라 영어 교육의 문제가 뭔지 아는 사람이 많다. 그런데 뾰족한 수가 없다.

    서점에 가보면 영어 공부법 책이 수두룩하다. 영어에 대한 니즈가 크니까 책도 많은 것인데 실상은 어렵거나 따라 하기 힘들다. 그들도 똑같이 문제를 인지하고 있기 때문에 문법을 강조하지는 않는다. 그런데 대안으로 제시한 방법 자체가 어렵거나 복잡하다. 어떤 책은 단어를 오래 기억하기 위해 인터넷에서 이미지를 찾아보라는데 요즘같이 바쁜 세상에 한가한 타령이다. 혹자는 초급자를 위한 공부법이라면서 중급 이상의 실력자에게 적용 가능한 방법, 예컨대 영어 일기 쓰기를 권한다. 영어로 일기를 쓰려면 이미 초보는 아니다.

나는 영어 공부법의 저자들이 어떤 이력을 갖고 있기에 이런 어려운 공부법을 노하우라고 제시했는지 궁금해서 이력을 뒤져본 적이 있다. 순수 국내 토종 강사는 찾기 힘들었다. 대개는 외국에서의 거주 경험이 있더라. 유학을 하거나 어학연수 경력도 있다. 그들은 국내에서 영어를 공부해야 하는 일반인의 고충을 잘 모르는 것 같다. 그들은 말 그대로 눈만 뜨면 영어를 써야 하는 외국에서 영어를 배웠다. 그래서 그들이 제시하는 학습 방식이 독자 눈높이에 맞지 않는 것 같다. 특히 초급자들에게는 별 도움이 안 된다.

골치 아픈 문법공부로 영어 문제를 해결하려는 시도는 그만두자. 중학교 수준 이상의 문법 실력을 가지고 있는 사람이라면 더 이상의 문법공부는 불필요하다. 이미 충분한 문법적 지식이 있기 때문에 하루라도 빨리 입을 여는 연습을 해야 한다. 지금 가지고 있는 문법 지식만으로도 말하기를 배우기에는 충분하다. 대신 '문법공부가 성과를 거드면 회화는 저절로 되겠지'라는 착각을 버려야 한다.

할수록 짜증만 나는 받아쓰기도 그만두자. 회화에 문제가 없는 수준에서 소리를 문자로 바꾸는 연습을 하는 것이 진짜 받아쓰기다. 한국인도 듣고 말하기에 문제가 없는 초등학생 수준이 되어야 비로소 받아쓰기를 한다. 그런데 소리의 정체도 모르는 초급자들이 어떻게 소리를 문자로 바꾼다는 말인가. 해본 사람은 안다. 이게 뭔 짓인가 싶다. 들리지도 않는 소리를 듣겠다고 이어폰 볼륨을 최대치로 높여서 귀만 아프다. 동시통역사들이 그렇게 한다고 해서 우리가 따라 해야 할 이유는 없다.

　영영사전도 비추다. 그냥 속 시원히 영한사전을 쓰면 된다. 영영사전은 단어를 찾을 때부터 불안하다. 설명을 읽어봐도 잘 모르겠는데 무슨 영영사전인가. 지레짐작으로 단어를 알게 되면 지식이 불확실하기 때문에 활용도가 떨어진다. 게다가 설명글에 모르는 영어 단어가 등장하면 그 단어를 또 찾아야 한다. 설명글의 단어를 이해하려고 다시 영어 사전을 뒤지는 무한루프가 이어진다. 결국은 영한사전을 펼쳐 보고야 안심한다. 장기적인 관점에서는 영영사전을 활용하는 것이 당연히 좋다. 하지만 기초를 다져놓은 후에 봐도 늦지 않다. 특히 초단기간에 효과를 보고 싶다면 더더욱 그렇다.

　이미 실패를 경험한 방법으로 후퇴하지 않기를 바란다. 사람의 심리 중에는 흥미롭게도 익숙한 방법으로 돌아가려는 경향이 있다. 그것이 실패 경험이더라도 말이다. 다만 그냥 돌아갈 수는 없으니까 '그때 내가 조금만 더 열심히 했다면'이라고 자신에게 책임을 전가시킨다. 그래서 '이번에는 내가 조금만 더 노력하면 될 거야.'라고 믿고 의지를 다지며 도전한다. 그렇게 2차 실패를 경험하며 영어로부터 한 발짝 더 멀어진다. 다시 영어에 도전해보기로 마음먹기까지는 시간과 망각이 필요하다.

　근본적인 해결책이 필요할 때다. 쉽고 간단한 방법으로 다시 시작해 보자. 효과는 아직 안 겪어봤으니 모를 수 있다. 그러나 실패했던 방법으로 돌아가는 것보다 훨씬 합리적이고 현명한 판단이다.

　쉽고 간단한 영어 공부를 추천한다. 귀에 들은 그대로 입으로 소리 내어 따라 말하기만 하면 된다. 그러면 머지않아 입에서 저절로 영어가 나온다. 본인의 입에서 유창하게 영어가 나오는 모습을 상상하며 새롭게 시작하자. 정상적인 입과 귀 그리고 하겠다는 의지만 있으면 된다.

  오컴의 말대로 가장 단순한 게 가장 진리에 가까운 법이다.

틀리면 어때!
미국 대통령도 틀리는데

영어는 외국어이다. 모국어가 아니다. 못하는 게 당연하다. 틀리는 과정을 거치며 바른 표현을 배워간다. 그런데 틀리는 걸 두려워한다. 발음이나 문법이 틀려서 창피당하는 게 싫다. 체면을 중시하는 한국 문화의 병폐이고 시험 영어의 후유증이다. 하지만 일상생활에서 쓰는 영어는 시험도 아니고, 면접도 아니다. 의사소통을 위한 수많은 대화 가운데 하나일 뿐이다.

두려움을 없애야 한다. 틀렸다고 누가 뭐라고 하지 않는다. 콩글리쉬면 어떤가. 우리는 한국 사람이지 외국사람이 아니다. 맞고 틀리고는 전혀 문제가 아니다. 틀릴까 봐 입을 꾹 다물고 있는 게 더 큰 문제다. 맞고 틀림에 관계없이 자신감 있게 말해야 한다. 그래야 틀렸다는 것을 깨달을 수 있고 고칠 수 있다. 소심한 사람이 대범한 사람보다 실력 향상이 느리다는 것이 일반적인 통설이다. 그들은 문법에 맞는지, 단어 사용이 적절한지 생각하느라 쉽게 말을 꺼내지 않는다.

반면에 아이들은 어떤가? 아이들이 가장 많이 하는 실수는 주격 조사 '이/가'이다. '바람이 분다'를 '바람이가 분다'라고 말한다. 아이들은 그 문장이 틀린 줄도 모르고 계속 말한다. 하지만 어느 순간부터는 제대로 말하기 시작한다. 누군가의 올바른 문장을 들으면서 스스로 교정했기 때문이다.

완벽하게 말하려고 하지 마라. 그럴 필요가 없다. 완벽한 영어는 없고 완벽한 우리말도 없다. 말로 먹고사는 대한민국의 아나운서나 정치인들도 밥 먹듯 실수한다.

한국 언어문화 연구원이 2007년부터 2013년까지 7년 동안 실시한 국어능력 인증시험을 분석했다. 100점 만점으로 환산했을 때, 전국 평균은 고작 64점이다. 지역별로는 서울이 가장 높았는데 그래 봐야 66점밖에 안 된다. 어휘력은 40대가 70점이고 10대는 62점이다. 문법을 가장 중요시하는 한국 사람들의 우리말 문법 점수는 어떨까. 역시 큰 기대할 것 없다. 40대는 57점, 20대와 30대는 56점, 10대는 59점이다. 완벽하다고 생각하는 우리의 우리말 실력이 실제로는 이 정도밖에 안 된다.

그런데 우리는 전혀 거리낌 없이 우리말을 쓰고 있다. 주변 사람들이 하는 말을 들어보건 틀린 문장들이 꽤 많다. 그런데 별로 불편하게 느껴지지 않는 이유는 무엇인가. 의사소통에 전혀 지장이 없기 때문이다. 영어도 마찬가지다. 문법적으로 맞고 틀리고는 나중에 생각할 문제다. 우리말도 틀리는데 외국말인 영어 좀 틀리면 어떤가. 의사소통이 최우선이다.

  외국인들은 우리가 영어를 잘할 거라고 전혀 기대하지 않는다. 영어가 모국어가 아니라는 것을 잘 알기 때문이다. 예전에 한 외국인에게 매우 기초적인 관계대명사 패턴을 활용해서 말을 했더니, 나에게 영어를 너무 잘한다고 칭찬해 주어서 민망했던 기억도 있다. 그만큼 크게 기대하지 않는다. 틀린 영어를 사용했다고 무시하거나 비난하는 일은 더더욱 없다. 오히려 영어를 말하려고 애쓰는 모습을 보고 더욱 친절하게 알려준다. 반대로, 외국인이 어설프게 한국어로 말하는 것을 상상해보자. 외국인이 '이커 사탕역 가는 거 마나요?'라며 이상한 발음으로 말을 걸었을 때, 우리는 '발음이 왜 이래?'라고 비난하지 않는다. 외국인이 우리말을 이 정도 말했다는 것만으로도 대견해한다. 우리가 영어를 말할 때 외국인들도 이와 같이 생각한다.

  미국의 부시 전 대통령은 부정확한 발음으로 꽤나 유명했다. 2007년 9월 유엔 총회를 준비하며 보좌관들은 연설문에 발음기호를 표시했다. 일부 미국인들은 그의 연설이 끝나면 틀린 발음 찾기에 혈안이 되었고, 그것이 큰 이슈가 되기도 했다. 심지어 문맥과는 전혀 어울리지 않는 단어를 쓰고, 어떤 경우에는 자신의 뜻과 정반대의 단어를 사용하기도 했다. 이처럼 대통령도 틀린다. 그것도 단순한 실수가 아닌 큰 실수를 자주 되풀이했다. 그래도 대통령직을 수행하는 데 큰 문제는 없었다. 그런데 하물며 외교관도 아닌 일개 한국 사람이 영어 실수 좀 하면 어떤가.

  사람은 다 똑같다. 사람이라면 누구나 실수를 저지른다. 실수가 두려워서 입을 다물고 있다 보면 평생 못한다. 두려워하지 말고 자신감을 가지고 과감하게 떠들자. 실수를 '하지 말아야지'보다는 '줄여가야지'라고 생각하자.

예전에 홍대 클럽에 간 적이 있다. 입구에서 동양계 외국인 여자 두 명과 한국인 직원이 실랑이를 벌이고 있었다. 그런데 직원이 말이 통하질 않으니 대응을 제대로 못하고 있었다. 직원은 나에게 영어를 할 줄 아느냐고 물으며 도움을 청했다. 나는 외국인 여자들에게 무슨 일이냐고 물었다. 외국인 여자들은 왜 입장료를 내야 하며 무엇을 제공받는지를 궁금해 했다. 그런데 그 여자의 얘기를 듣는 동안 나는 이상한 점을 발견했다. 이 여자의 영어는 문법도 마구 틀리고 전혀 유창하지 않았다. 좀 더 대화를 나누니 확실한 심증이 왔다. 영어를 잘하지는 못하지만 영어로 말을 하고 싶어 하는 한국 사람이었던 것이다. 나는 전혀 내색하지 않았다. 오히려 더 친절하게 알려 주었다. 그녀의 의지와 용기를 칭찬하고 싶었기 때문이다. 나라면 절대 그렇게는 못했을 것이다.

〈자신감을 키우는 대화 요령〉

❶ 대화 중에는 발음과 문법이 맞는지 생각하지 않는다. 생각과 표현이 입에서 영어로 나오고 있다는 사실에 만족해라. 대화가 끝난 후에 고치면 된다.

❷ 상대방에게 영어 초급자라고 미리 말한다. 그러면 틀려도 된다는 생각이 들어서 부끄러움을 덜 느낄 것이다. 그리고 상대방도 어느 정도는 배려를 해줄 것이다.

⇒ I am a super beginner of English. / I am in a basic level of English.

❸ 모르면 모른다고 말하자. 모르는 건 부끄러운 게 아니다. 아는 척하면 앞으로도 계속 모를 수밖에 없다. 모르는 걸 인정하면 스트레스 안 받지만 아는 척하면 스트레스 받는다. 안쓰러워 보인다는 것은 본인만 모를 뿐이다.

❹ 큰 소리로 당당하게 말한다. 외국인들이 한결 더 밝은 표정으로 대해 줄 것이다. 기어가는 모기 목소리로 말하면 오히려 이상한 사람으로 바라본다.

❺ 복잡하게 말하지 말고 간단하고 짧게 말하자. 형식을 갖춘 완전 문장으로 말하려는 강박관념에서 벗어나야 한다. 그러면 말하기가 훨씬 수월해진다. 그리고 그 상황을 벗어나면 '이렇게 말할걸.' 하고 스스로 교정하게 된다.

상대방이 못 알아들으면 다시 한 번 말하라

한국 사람이 외국인을 만나면 입을 꾹 닫는 이유 중 하나는 상대방이 못 알아들었을 때 스스로 주눅 들었던 기억이 있기 때문이다. '내 발음이 안 좋은가? 문법이 틀렸나?' 하고 자책하는 버릇이 있다. 주눅 들어서 기어가는 목소리로 말하면 영어는 더 못하게 된다. 그런데 상대방이 못 알아듣는 이유는 여러 가지가 있을 수 있다. 주변이 시끄럽거나 상대방의 주의력이 떨어져서 그럴 수 있다. 하지만 한국 사람들은 이

때만큼은 남 탓을 하지 않는다. '내 잘못이야.' 자신감을 잃어서 얼굴이 빨개지고 입을 다물고 만다.

우리말을 쓸 때도 못 알아듣는 경우는 많다. 그때 우리는 '내 발음이 안 좋나?' 하고 스스로를 탓하지 않는다. 영어도 이런 마음가짐으로 임해보자. 우리에게 필요한 것은 한 번 더 또박또박 말해주는 것이다. 기죽지 말고 당당하게 한 번 더 말해주면 된다. 좀 더 큰 소리로 그리고 좀 더 또박또박 말하면 더 좋다. 몇 번을 더 말해도 못 알아들으면 스펠링을 불러주자. 최후에는 번역기를 사용하면 된다. 이런 과정을 거치면 외국인에게 당당하게 대응할 수 있게 된다.

친구와 함께 홍콩 여행을 간 적이 있었다. 그는 간단한 중국어 회화는 가능한 실력이었다. 어느 날, 같은 도미토리를 사용하던 한 중국인이 친구에게 수건을 가리키면서 '이게 네 거야, 아니면 내 거야?'라고 물었다. 친구는 중국어로 '너'라는 의미의 '니'라고 대답했다. 하지만 그가 알아듣지 못했다. 나는 친구가 한 번 더 '니'라고 말할 걸로 예상했다. 하지만 그는 자신의 중국어 발음이 나쁘다고 생각했는지 바로 영어로 'you'라고 말했다. 나는 이 상황을 보며 많이 아쉬웠다. 이 대화는 오히려 친구의 중국어 자신감을 꺾어 놓기에 충분했기 때문이다. 만일 친구가 2번 정도 더 '니'라고 중국어로 반복하면서 그와 얼굴을 마주 대했다면 다음부터는 더욱 더 당당하게 말할 수 있었을 것이다.

상대방의 이야기를 못 알아 들을 때도 마찬가지다. 'sorry?(뭐라고?)' 하고 되물으면 된다. 그래도 못 알아들으면 한 번 더 'sorry?'라고 웃으며 말한다. 창피할 필요 없다. 생각을 바꾸자. 한국인이 영어 못하는 건 당연하다. '난 영어는 약해도 한국어는 잘해.'라는 자신감이 필요하다. 상대방도 못 알아듣는 일이 분명히 생긴다. 특히 비영어권 국가의 사람들과 영어로 대화할 때는 더더욱 그렇다. 어차피 모국어가 영어가 아니기 때문에 서로 같은 처지다. 게다가 같은 단어의 발음이 나라마다 제각각이어서 발음 차이로 못 알아듣는 경우도 꽤 많다. 그래서 여러 번 되물어도 전혀 실례가 아니다. 나중에는 검색해서 사진으로 보여주거나 번역기를 이용해서 대화가 진행되기도 한다. 중요한 것은 주눅 들지 않고 당당하게 행동하는 것이다.

   나는 다섯 차례까지 되물어본 적이 있다. 두바이 출신의 남자와 홍콩의 게스트하우스에서 만나 대화를 나눌 때였다. 그가 유명한 레스토랑으로 저녁식사를 하러 간다고 해서 그에게 레스토랑 이름을 물었다. 그는 '파옷'이라고 대답했다.

   그 : 파옷.

   나 : sorry?

   그 : 파옷.

   나 : (고개를 갸우뚱하며) sorry?

   그 : 파옷.

   나 : 파옷?

   그 : 응. 파옷.

   나 : 파옷? 처음 들어봐.

   그 : 파. 옷. 몰라?

   나 : 응. 모르겠어. 파. 옷?

   그 : 응. 파옷. f.a.i.r.w.o.o.d.

나 : 아, 페어웃!

그 : 응. 맞아.

알고 보니, 그는 홍콩의 유명한 식당인 'FAIRWOOD'를 '파웃'으로 발음했던 것이다. 그래도 그는 한 치의 흔들림 없이 당당하기만 했다. 나는 그의 이 모습이 너무 보기 좋았다. 사실, 영어를 공부하다 보면 모르는 부분이 많기 때문에 어느 정도의 창피한 순간은 피할 수 없다. 이런 상황을 미리 예상하고 감수하면 된다. 영어를 잘했을 때 생기는 혜택들에 비하면 이 정도 창피함은 별거 아니다. 누구나 다 겪는 성장통이라고 보면 된다. 조금 더 긍정적으로 보자면, 실수란 늘 재미있는 추억거리가 된다.

6장

영어에 대한 오해가 사람 잡네
: 영포자의 필독을 권함

나는 머리가 나빠서 안 돼

많은 사람들이 가지고 있는 고정관념 중 하나다. 외워야 하는 것도 많고, 복잡한 문법을 이해해야 하기 때문에 좋은 머리가 반드시 필요하다고 생각한다. 영어를 못하는 이유도 본인의 나쁜 머리 때문이란다. 그런데 머리는 아무 잘못 없다. 영어는 머리가 좋고 나쁘고의 문제가 아니다. 언어는 지적 수준과 전혀 관계없다.

나의 독학 이야기를 들은 사람들이 한결같이 묻는 질문이 있다. '머리가 굉장히 좋으신가 봐요?' 내가 어떻게 공부했는지 모르기 때문에 하는 얘기다. 나도 하루 이틀 지나면 잊어먹기 일쑤였다. 특히 직장인이다 보니 할 일은 많고 시간은 부족했다. 초반에는 뭘 공부했는지 기억조차도 나지 않았다. 이어폰을 귀에 꽂고 음성파일을 들으면 그때에야 '아! 이거였구나.' 하고 기억을 떠올린다.

그런데 신기한 게 하나 있었다. 분명히 잘 안 들리던 소리가 어느 순간 갑자기 또박또박 들리기 시작한다. 일부러 외우지 않았는데도 단어와 문장의 의미가 자연스럽게 머릿속에 떠올랐다. 그럴 때마다 느꼈다, 반복의 힘을. 그리고 깨달았다. 나는 머리가 좋은 사람이 아니라 반복을 실천한 사람이라는 것을. 그래서 나는 반복을 가장 강조한다.

수학이나 과학 같은 과목들은 머리가 중요할 수도 있다. 하지만 영어는 성격이 다르다. 영어는 수학, 과학과 같은 학문이 아니다. 학교 교과목으로 같이 편성되어 있다 보니 오해가 있지만 영어는 언어일 뿐이다. 언어는 원래 입으로 배우는 것이다. 아기들이 책상에 앉아서 말을 배우지는 않는다. 그런데도 우리는 손으로 글자를 써가며 영어공부를 시작했다. 그래서 책상에 앉아서 쓰고 외워야만 열심히 공부하는 것이라고 생각한다. 이것 역시 고정관념이다.

호주 출신의 외국인 개그맨인 샘 해밍턴은 한글을 배우기 위해 교환학생으로 우리나라에 왔다. 하지만 학기 초반에는 한국의 술맛에 빠져서 친구들과 거의 매일 밤새 술을 마시고 클럽을 다녔다. 출석을 제대로 할 리가 없었다. 당연히 성적은 바닥이었다. 오죽하면 호주의 대학교에서 돌아오라는 소환 전화까지 받았다고 한다. 하지만 어느 순간을 기점으로 샘의 한국어 실력이 급상승한다. 한국어 시험을 쳤는데 2등을 했다. 1등을 한 학생 역시 샘과 같이 놀러 다니던 친구였다. 그동안 한국 친구들과 어울려 열심히 술 마시고 놀았던 것이 빛을 발한 것이다. 시험 결과에 대해 불만을 품은 한 학생이 항의했다. 그는 도서관 책상에 앉아 열심히 공부만 하던 모범생이었다. '이건 말이 안 된다. 만날 술만 마시고 다닌 날라리들이 어떻게 성적이 좋을 수 있느냐?' 담당 교

수가 한마디로 항의를 일축했다. '너희들은 한국말 못하잖아.'

　나도 이와 비슷한 경험이 있다. 회사 동료 한 명과 같이 중국 여행을 갔을 때의 일이다. 그는 중국어라고는 '셰셰'밖에 몰랐다. 백지 상태나 마찬가지였다. 그런데 중국인들과 친구가 되어서 술집에서 몇 시간 동안 같이 술 마시면서 놀더니 나중에는 그의 입에서 몇 개의 중국어 단어들이 나오기 시작했다. 나는 하도 신기해서 '원래 알던 단어들이냐?'고 물었다. 돌아오는 대답은 '얘들이 말하는 거 보고 방금 배웠지.'였다. 신선한 충격이었다. 언어는 책상 앞에서 배우는 것이 아니다.

　이젠 생각을 바꾸자. 영어를 일종의 근육이라고 생각하자. 단기간의 웨이트 트레이닝을 통해 근육을 키우면 된다. 훈련을 통해 영어 말하기에 필요한 뇌 근육과 입 근육을 발달시켜야 한다. 지금처럼 손과 엉덩이 근육을 키우면 안 된다.

　토익 전략도 바꾸기를 권한다. 토익 점수를 높이려면 토익을 붙들고 있어야 한다고 믿는다면 내 경험이 도움이 될 것 같다. 나는 영어도 잘하고 토익 점수도 잘 받고 싶은 생각에 토익 공부 대신 진짜 영어를 배우기로 결심했다. 그리고 '6원칙 따라 말하기'로 효과를 거두었다. 그리고 다시 토익을 공부했는데 700점대였던 토익 점수가 한 달 만에 910점까지 올랐다.

영어는 어릴 때나 배우는 거지, 나이 들어서 무슨 수로 배워?

사람들이 진리처럼 믿고 있는 속설 중 하나가 아이들이 어른보다 외국어를 배우는 속도가 훨씬 빠르다는 것이다. 어른들은 두뇌 발달 측면에서 외국어 학습에 한계가 있다고 믿는다. 그래서 최대한 어릴 때 영어 공부를 시작해야 된다는 생각이 뿌리 깊게 자리 잡고 있으며, 이는 영어 조기 교육을 대세로 만들었다. 한창 뛰어놀 어린 아이들을 영어 유치원, 학습지, 학원의 세계로 이끄는 것도 다 같은 이유 때문이다. 월 100만 원 넘는 영어 유치원에 대한 신문기사는 더 이상 놀랍지도 않다.

물론 어릴 때부터 영어를 배운 사람과 성인이 되어서 영어를 배운 사람의 차이는 분명히 존재한다. 언어학자인 촘스키에 의하면, 12세 이전의 아이들은 뇌에 있는 언어습득 장치인 LAD(Language Acquisition

Device)에 의해 자동적으로 언어를 습득한다고 한다. 이때는 외국어를 외국어가 아닌 모국어로 인식한다고 한다. 하지만 12세 이후에는 이 LAD의 기능이 약해지기 때문에 외국어를 배워도 외국어는 절대 모국어가 될 수 없다고 한다. 실제로 2개 국어를 사용하는 사람들의 뇌를 분석한 실험이 있었는데 이 주장을 뒷받침하고 있다. 12세 이전에 외국어 학습을 시작한 사람들은 모국어와 외국어를 사용할 때 반응하는 뇌의 위치가 동일했지만 12세 이후에 외국어 학습을 한 사람들은 모국어와 외국어를 사용할 때 반응하는 뇌의 위치가 달랐다.

우리는 이미 주위에서 비슷한 이야기를 많이 접해왔다. 한 가족이 미국으로 이민을 가더라도 부모들의 영어 실력은 소폭 좋아지는 반면에 아이들의 실력은 굉장히 빠른 시간 안에 현지인과 비슷하게 되었다는 이야기들이다.

그렇다면 어른들은 영어를 배우기에 너무 늦은 것일까? 어른들은 아이보다 배우는 속도가 더딜까? 절대 그렇지 않다.

과학적 연구 결과에 따르면, 아이들이 성인들보다 외국어를 훨씬 더 빨리 배운다는 것은 입증된 바가 없다고 한다. 사람들의 착각이라는 말이다. 오히려 아이들은 인지 능력이 덜 발달되어서 성인들보다 언어 학습 능력이 떨어진다는 연구 결과가 있다.

하버드 교육대학원의 캐서린 교수(Catherine Snow)는 EBS 초청으로 한국을 방문하여 강단에 섰다. 이 자리에서 그녀는 수년간 유럽 사람들의 영어 습득 과정을 연구한 결과를 공개했다. 당일 발표 결과에 따르면 영어를 가장 빨리 배우는 연령대는 일반 사람들의 예상과 달리 청년층이었으며, 그 다음은 장년층이었다고 한다. 오히려 아이들이 가장 늦었다. 그녀는 "아이들은 언어에 대한 흡수력은 매우 빠르지만 어휘력 향상 속도가 매우 늦다. 그리고 모국어를 잊어버리는 특징 때문에 영어를 배우는 속도가 느리다."고 덧붙였다.

최근의 연구에서도 아이들은 두뇌 발달이 덜 이루어졌기 때문에 성인보다 언어 학습능력이 뒤떨어진다는 결론이 많이 보고되고 있다. 지능이 더 발달할수록 언어 실력도 더 빨리 향상된다는 말이다. 인지 능력과 사고력이 발달한 어른들은 아이들이 모르는 추상적인 단어들이나 형이상학적인 이야기에 대해 쉽게 이해할 수 있다. 따라서 아이들보다 학습 속도가 훨씬 빠를 수밖에 없다. 또한 단어와 문장을 상황에 맞게 적절하게 사용하는 능력도 이미 오랫동안 언어를 사용한 어른들이 훨씬 더 유리하다. 그러므로 어린 아이가 영어 유치원에서 2년 동안 배울 내용이나 초등학생이 1년에 걸쳐서 배울 내용을 성인들은 1개월도 채 안 돼서 끝낼 수 있다. 나아가 성인은 아이들보다 배경 지식이 훨씬 더 많기 때문에 대화를 이끌어 나가는 능력도 갖고 있다. 예를 들어서 한국 사람이 외국인에게 아래와 같이 물었다고 하자.

"넌 한국 왜 왔어?"

이것은 어른, 아이에 상관없이 누구나 외국인에게 물어볼 수 있다. 하지만 외국인의 답변이 아래와 같다고 해보자.

"6.25 전쟁 이후 한국의 경제 발전 속도가 매우 빨라서 그것을 배우고 싶어서 한국에 왔어."

이런 답변이 나온다면 아이가 이 대화를 잘 이끌어 나가기는 절대 쉽지 않다. 하지만 어른은 영어 실력이 부족할지라도 이에 대한 설명을 유창하게 곁들이면서 오히려 대화를 더 잘 이끌어갈 수 있다. 이런 부분은 아이가 갖기 힘든 어른만의 장점이다.

또한, 과학자들의 연구 결과에 따르면, 60세인 사람과 25세인 사람의 학습 능력은 놀랍게도 불과 5~10%밖에 차이가 안 난다고 한다. 반면에 학습에 몰입하는 집중력은 어른이 아이보다 3배나 높다고 한다. 이처럼 학습 능력은 비슷하면서 집중력이 높다면 당연히 어른의 학습 속도가 아이와 비교할 수 없을 정도로 빠를 수밖에 없다

그런데 왜 아이들이 어른들보다 영어를 빨리 배우는 것일까?

해답은 바로 환경 차이다. 아이들은 매일 학교에서 다양한 분야에 대한 공부를 계속한다. 이것은 공부를 잘하고 못하고에 관계없이 매일매일 선생님으로부터 엄청난 양의 영어에 노출되는 것을 뜻한다. 그리고 아이들과 놀면서도 영어에 대한 노출은 지속된다. 당연히 영어가 늘 수밖에 없다.

반면 어른은 그렇지 못하다. 고정된 생활 패턴 속에서 비슷한 하루하루를 살아간다. 따라서 같은 문장, 같은 표현만 반복하며 살아도 아무런 지장이 없다. 회사에서도 마찬가지다. 일하면서 쓰는 영어 역시 어차피 같은 문장의 반복이다. 그래서 어른은 새로운 표현이나 단어에 대한 노출이 극히 드문데다 그럴 필요성조차 전혀 못 느낀다. 아주 가끔씩 본의 아니게 새로운 단어를 배울 뿐이다. "영어 잘하시네요."라고 말하면 "어차피 만날 쓰는 말만 쓰잖아요."라는 답변을 쉽게 들을 수 있는 이유다. 국내 소재의 외국계 회사를 다니는 한국 사람에게 물어

도 비슷한 답변이 나온다. 그리고 어른은 일과 가정생활을 동시에 해야 하기 때문에 추가적으로 영어 공부를 할 수 있는 여력도 많이 부족하다.

추가적으로 아이들은 주변 시선을 전혀 고려하지 않고 맞든 틀리든 무조건 영어로 말을 하는 것도 한몫한다. 이와 달리 어른들은 발음과 문법에 신경을 쓰느라 말하기를 주저하게 된다. 이것은 매우 사소해 보이지만, 어른과 아이의 실력 차이를 가르는 매우 중요한 요소다.

한편, 아이가 미국에서 생활해도 어른처럼 영어에 오랫동안 노출되지 않는 경우에는 영어 실력이 크게 발달하지 않을 수도 있다. 내가 중학교 1학년 때 나보다 한 살 많은 형이 우리 반으로 전학을 왔다. 그 형은 미국에서 오랫동안 살다 왔다. 그런데 영어 수업 시간에 선생님이 그 형에게 영어책 읽기를 시켰는데 한 문장도 읽지 못했다. 나는 그 광경을 보고 적지 않게 놀랐다. 수업이 끝난 후, 그 형에게 조심스럽게 물었다. "형, 미국에서 살다왔다면서요?"

형은 "거기는 한국 사람이 많아서 영어를 거의 안 썼어."라고 말하며 겸연쩍게 웃었다.

결론적으로, 어른이 아이보다 영어 학습 능력이 뒤떨어진다는 것은 오해에 불과하다. 다만 아이들에 비해 영어에 덜 노출되고 영어를 잘하기 위한 노력을 덜한 것뿐이다. 오히려 어른들은 영어 학습에 유리한 장점을 많이 가지고 있기 때문에 지속적으로 영어 공부를 하고 말하기 연습을 많이 하면 아이들처럼 현지인 수준의 실력을 가질 수 있다. 대표적인 예가 미국에서 아이들을 가르치는 한국인 교수나 선생님들이다. 그들은 일반 성인들에 비해 학습량이 굉장히 많고 또 영어로 말할 수 있는 기회가 엄청나기 때문에 영어 실력 또한 자연스럽게 늘어날 수밖에 없다. 나이가 많다는 건 최소한 영어 공부에 있어서는 전혀 단점이 아니다. 열심히 노력하면 누구나 빠른 시간 안에 영어로 유창하게 말할 수 있다.

하버드 대학원의 캐서린 교수가 발표한 연구 결과를 잊지 말자.

"8세든, 20세든, 50세든 영어를 배우겠다는 동기가 확실하고 효과적인 방법에 의해 많은 시간동안 영어에 노출되면 나이에 상관없이 영어를 잘할 수 있습니다."

미드와 외화가
최고의 교재라고?

　사람들이 가장 많이 하는 실수 중 하나는 본인의 실력과 상관없이 미드와 외화로 영어 공부를 시작한다는 점이다. 문법이나 독해는 차치하더라도 회화 공부는 미드나 외화로 해야 효과가 가장 크다는 굳은 믿음 때문이다. 여기에는 미드의 높은 인기도 한몫했다. 예전에는 드라마 종류가 한정적이었으나 지금은 장르와 배경이 매우 다양하다. 10대 고등학생, 주부, 골드미스, 범죄수사, 공포, 상류층 등등 드라마 장르도 셀 수 없을 정도다. 심지어 영국 드라마(영드)도 어렵지 않게 찾아볼 수 있다.

　이 같은 열풍에 발맞추어 미드와 외화로 영어를 공부하는 게 유행처럼 되어버렸다. 그리고 많은 사람들이 엄청난 효과를 봤다고 홍보하면서, 미드와 외화는 회화 공부의 필수 코스로 자리 잡았다.

미드와 외화의 영어 교재화에는 "자막 없이 미드와 외화를 보고 싶다"는 동경과 "나 미드 보는 사람이야"라고 과시하고 싶은 심리도 크게 작용한 것으로 보인다. 우리나라 사람들은 다른 사람들이 외국 영상물을 시청하는 모습을 보면 자막이 있는지 없는지부터 확인하는 습성이 있다. 이때 영상에 자막이 없다면 영어를 굉장히 잘하는 능력자로 인정받는다.

온라인의 미드 커뮤니티 그리고 영어 회화 커뮤니티에는 지금도 〈프렌즈(Friends)〉가 돌고 있다. 〈프렌즈〉는 1994년부터 2004년까지 10년 동안 미국 NBC에서 방송한 드라마다. 방송 당시에는 미국 현지에서 엄청난 인기를 얻었고, 전 세계적으로도 큰 성공을 거두었다. 미국에서는 주인공들의 말투가 당일의 방송이 끝나자마자 바로 유행이 될 정도였다.

한국도 당연히 〈프렌즈〉의 인기를 피해갈 수 없었다. 그 당시에는 미드로 공부한다는 것은 〈프렌즈〉로 공부한다는 말과 동격이었다. 나도 영어 학원 무료특강에 참여하면서 〈프렌즈〉를 처음 접했다. 그리고 짧은 기간이나마 〈프렌즈〉로 혼자 공부하면서 나름 효과도 보았다. 워낙 많은 사람들이 활용했던 자료여서 그런지 드라마가 종영된 지 14년이 지난 지금도 손쉽게 찾아볼 수 있다.

많은 사람들이 생각하는 것처럼 미드와 외화는 훌륭한 교재임에 틀림없다. 나도 100%, 아니 120% 인정한다. 미드와 외화는 우선 재미가 있다. 딱딱하고 지루한 일반 교재와 달리 그 자체만으로 시선을 잡는다. 덕분에 학습에 대한 집중력도 높아지고 지속적인 학습도 가능하다. 또한 외국 문화를 간접 경험할 수 있으니 일석이조의 효과가 있다.

화려하고 다채로운 영상도 학습의 지루함을 잊게 만든다. 잘생기고 예쁜 배우들을 보는 것도 즐거운 일이다. 아름다운 경치나 건물, 풍경 등도 우리들의 눈을 사로잡는다. 이런 요소들은 공부에 매진하도록 이끌어주는 원동력이 된다.

그리고 미드와 외화에서는 현지인(배우)들의 실제 대화를 접하기 때문에 회화 감각을 금방 익힐 수 있다. 그래서 실제 영어 사용자의 말하기 속도와 발음에 적응하는 시간을 크게 단축시킬 수 있다. 회화 교재의 음성파일에서 성우가 말하는 것과 현실에서 말하는 것은 차이가 있기 때문이다. 그리고 우리는 그들의 발음뿐 아니라 상황별로 뉘앙스를 다르게 표현하는 법, 손짓발짓 등의 제스처 등도 같이 배울 수 있다. 살아 있는 영어를 배우는 것이다.

미드와 외화가 영어회화 학습자료로써 엄청난 강점을 가지고 있음에도 불구하고, 이 두 가지 자료를 활용하는 것은 신중히 고민해야 한다. 자칫 잘못하면 시간 낭비가 될 수 있고, 또는 영어공부를 오랫동안 해야만 하는 사태가 벌어질 수도 있기 때문이다. 우리는 본인의 실력을 최우선으로 고려해서 학습 자료를 결정해야 한다.

미드와 외화를 교재로 삼을 때 생기는 문제

대부분의 미드와 외화는 현지인들 그것도 성인들을 위한 작품들이다. 따라서 때로는 전문 단어들이 등장하고, 일상생활에서 흔히 접하기 힘든 이야기가 전개되기도 한다. 하지만 왕초보나 초급자들의 영어 실력은 미국의 아기나 어린아이 수준이다. 그래서 초급자들이 미드와 외화를 본다는 것은 아기에게 어른들의 말을 들려주는 것과 마찬가지다.

아기들이 어른들의 말을 들으면서 언어 실력이 향상되는 것은 사실이다. 하지만 그러기 위해서는 매우 오랜 시간이 필요하다. 아이가 말을 폭발적으로 배우는 시기는 따로 있다. 먼저 출생 이후에 부모님, 할아버지, 할머니 그리고 주변 사람들이 아이 수준에 맞는 쉬운 문장들을 많이 들려준다. 그런 뒤 유치원 혹은 주변에서 친구들과 어울리면서 본격적으로 말이 늘기 시작한다. 자신의 수준에 맞는 말을 들으면서 충분히 흡수한 이후에 그것들을 하나하나 사용하면서 말하는 법을 배우기 때문이다. 그리고 이 단계를 지나서 조금씩 어려운 문장들을 사용하기 시작하고 어른들의 표현도 따라 하게 된다. 초급자들도 이러한 과정을 반드시 거쳐야 한다. 어른들의 단계부터 시작한다면 기초가 흔들릴 수밖에 없다.

그리고 미드와 외화에는 문화적 관습에 의해 현지인들만 아는 표현들도 종종 나온다. 물론 이런 표현들을 알아두면 도움이 되는 건 틀림없다. 하지만 단기간 학습을 원하는 사람들에게 이런 표현들은 불필요하다. 예를 들어서 비가 많이 온다는 표현을 하고 싶을 때 우리는 "It rains a lot."이라고 말하면 그만이다. 이 표현 하나만 알아도 전 세계 어디서나 우리의 뜻을 간단히 전달할 수 있다. 그렇지만 영화나 미드에서는 현지인들 위주이므로, 이처럼 단순한 문장보다는 재미있고 풍부한 표현들을 자주 사용한다. 그래서 우리가 몰라도 되는 "It is raining cats and dogs."라는 어려운 표현을 굳이 사용한다. 물론 의미는 동일하다.

또한 미드와 외화는 현지인들의 실제 대화를 기반으로 하기 때문에 문법에 맞지 않는 문장들도 매우 많다. 우리들도 실생활에서 문법에 맞지 않는 문장들을 자주 사용한다. 미국 사람들도 마찬가지다. 초보자들은 올바른 문장을 최대한 많이 접하는 게 중요하다. 세 살 버릇 여든 간다는 속담 그대로다. 문법적으로 올바르지 않은 문장들을 많이 접하게 되면, 올바른 문장과 올바르지 않은 문장들에 대한 판단 기준이 명확히 서지 못한다.

이런 이유에서, 영어를 짧은 기간에 끝내고 싶은 초급자들에게 미드와 외화는 부적절한 학습 자료다. 본인이 중장기적으로 영어를 공부하겠다면 상관없다. 문제는 오랜 시간 꾸준히 학습할 수 있는 사람이 매우 드물기 때문에 대부분이 포기한다는 점이다. 그리고 본인 수준과는 맞지 않게 어려운 수준일 경우에도 영어를 포기하게 만드는 계기가 된다. 그래서 많은 사람들이 미드와 영화를 영어 교재로 활용했음에도 실력은 여전히 제자리인 것이다.

한 가지 더 우려되는 부작용은 영어 공부를 위해 드라마와 영화를 보기 시작했다가 나중에는 주객이 전도, 미드와 영화에 푹 빠져서 드라마 폐인, 주인공 폐인이 되기도 한다는 점이다. 영어는 뒤로 미루고 늦은 시간까지 다음 편만 계속 찾아보게 된다. 심한 경우에는 최근 방송된 분량까지 다 봤음에도 불구하고 그것도 모자라 '다시 보기'로 처음부터 돌려본다. 영어 공부는 머릿속을 떠난 지 오래다. 입에서는 '어떻게 이렇게 잘 만들 수가 있지"라고 감탄사만 나온다. 우리나라에도 수많은 미드 폐인들이 있다. 나 역시도 같은 경험이 있다. 영어를 위해 미드를 보기 시작했지만 그 재미에 푹 빠져서 공부는 뒷전이고 다음 편만 계속해서 다운받고 있는 나 자신을 발견할 수 있었다. 미드의 위력을 새삼 실감했던 순간이었다.

결론적으로, 본인의 실력에 상관없이 무조건 미드나 영화로 시작하는 것은 효과가 없다. 본인에게 안 맞는 옷을 입어서는 곤란하다. 최소한 본인이 영어로 말하는 데 불편함을 못 느끼는 실력을 갖춘 뒤에, 예컨대 새로운 표현이나 현지인들이 사용하는 표현들을 배우고 싶을 때 활용하는 것이 가장 효과가 크다.

그리고 모든 영상물이 다 도움이 되는 건 아니다. 실생활에서 자주 쓰이지 않는 대사가 나오거나 대화는 적고 액션만 많은 폭력/전쟁물은 반드시 피해야 한다. 또한 일상생활과 관련이 적은 전문적인 분야에 대한 영상도 가급적 피하는 게 좋다. 본인이 좋아하면서 동시에 일상생활에서 빈번하게 사용할 수 있는 표현들이 풍부한 작품이 적합하다.

많은 사람들이 영어 공부 자료로 애용하고 있는 CNN이나 BBC뉴스도 비슷한 이유로 초급자들에게는 적절하지 않다. 뉴스를 활용하면 아나운서의 깨끗하고 올바른 발음을 배울 수 있고, 다양한 분야를 다루기 때문에 어휘력도 향상시킬 수 있다. 하지만 초급자에게는 어렵다. 문장들이 단문보다는 장문 위주여서 쉽게 이해가 안 된다. 그리고 시사 어휘나 전문적인 용어가 등장하기 때문에 활용도가 크게 떨어진다. 그리고 뉴스에 나오는 표현들은 구어체가 아닌 문어체다. 즉 일상생활에서 쓰는 문장이 아니라 뉴스 보도용으로 만들어진 문장들이다. 따라서 뉴스를 많이 공부해도 일상생활에서 쓸 만한 문장들은 익히기가 매우 어렵다. 뉴스도 어느 정도 이상의 수준이 되었을 때 공부 자료로 이용하는 것이 좋다. 게다가 평소에 신문과 뉴스를 보지도 않는 사람이 영어를 공부하겠다면서 갑자기 CNN이나 BBC 같은 뉴스를 듣는다? 오래 못 간다.

학원/어학연수 가면 저절로 되겠지

사람들이 학원이나 어학연수를 가려는 이유는 간단하다. 저절로 영어를 잘할 거라는 기대감 때문이다. 하지만 그럴 일은 없다. 대한민국에 영어 학원이 없어서 우리가 영어를 못하는 것은 아니다. 어학연수를 가도 노력을 기울이지 않으면 시간과 돈만 낭비한다.

학원의 수업 방식

학원의 영어 수업은 두 가지 방식이 있다. 강사가 학생들에게 일방적으로 설명하는 방식과 학생들끼리 짝을 지어 서로 말하는 방식이다. 전자는 학교 교수법과 동일하다. 이런 학원은 가지 말아야 한다. 우리에게 필요한 것은 직접 소리 내어 말하는 연습이기 때문이다. 하지만 그런 학원이 있나? 말하기 연습이 필요한 학생들은 입을 꾹 다물고 듣기만 하고 말수를 줄여야 하는 강사가 오히려 가장 많이 떠든다.

후자의 방식은, 말하는 시간이 터무니없이 부족하다. 학원 수업과 왕복 이동시간을 고려하면 최소 1시간 30분이다. 이 시간 동안 집에서 혼자 공부하면 훨씬 큰 효과를 거둘 수 있는데 굳이 길에서 시간 낭비할 필요가 없다. 영어가 안 되는 사람끼리 짝을 지어주고 대화를 나누라고 하는 방법은 더욱 터무니없다. 서로 멀뚱멀뚱 민망해 하다가 결국 우리말로 소곤소곤 대화를 나눈다. 그래서 영어학원이 한국말을 연습하고 애인 만드는 곳으로 전락하고 만다. 어떤 경우에는 기초가 약한 사람들에게 글쓰기와 단어 암기를 숙제로 내준다. 영어에 대한 고통만 늘어나고 학원 가기가 싫어진다. 월말에 빈자리가 많은 것은 당연지사다.

원어민 강사

우리나라 사람들은 백인에게 영어를 배워야 한다는 환상이 있다. 일종의 문화 사대주의 같다. 하도 원어민 강사를 선호하니까 일부 학원에서는 구색 맞추기 차원에서 고용하는 경우도 있다고 한다. 심한 경우에는 원어민을 불러다 문법 강의를 하기도 한다.

실상을 알고 나면 생각이 많이 변할 것이다. 일자리를 구하지 못한 미국의 청년들이 한국, 일본, 중국과 같은 아시아 국가에서 영어 강사를 하고 있는 실정이다. 4년제 대학 졸업장만 있으면 누구나 할 수 있다. 산업공학과, 화학과, 수학과 등 전공도 무관하다. 오로지 영어만 할 줄 알면 된다. 원어민 강사 한 명에게 들어가는 비용은 공교육을 기준으로 평균 연간 4,500만 원 수준이다. 국내에 1천 명이 상주하고 있다고 하면 450억 원이라는 막대한 금액을 투자하는 것이다. 더 비싼 수강료를 지출하는 사교육을 감안하면 이 금액은 훨씬 더 높아질 것이다. 하지만 그에 비해 효과는 미미하다.

　물론 그들은 영어를 잘한다. 그런데 가르치는 건 다른 일이다. 딱히 교수법을 배운 적이 없기 때문에 학원에서 제공하는 회화용 교재대로 가르친다. 한글과 영어가 다른 언어이고 배우는 환경이 다르기 때문에 가르치는 법도 달라야 한다는 걸 모른다. 한국 사람들이 영어를 못하는 이유가 무엇인지 알고 이를 보완하는 교육이 필요하지만 전혀 개의치 않는다. 한국의 영어교육에 애정을 갖고 관심을 기울이는 원어민 강사는 거의 없다. 우리에게는 미래를 준비하는 중요한 시간이지만 그들에게는 잠시 동안 돈을 버는 시간에 불과하다. 일부 원어민 강사들은 한국의 밤 생활을 즐기느라 수업준비도 소홀히 한다. 그들의 학력위조, 무단이탈, 성희롱 문제들은 이미 언론을 통해서도 숱하게 접했다. 또한, 원어민이라고 해서 다 영어를 잘하는 것도 아니다. 슬랭과 같은 속어를 습관적으로 사용하는 사람도 있다. 기본적인 지식이 부족해서 올바른 설명을 못하는 사람들도 있다. 한국 사람 중에도 비속어를 습관적으로 달고 사는 사람들이 있다. 그가 외국에서 한국어 강사를 한다고 생각해보자. 외국 학생들이 무엇을 가장 먼저 배울지는 안 봐도 훤하다. 한글을 능수능란하게 사용한다고 해서, 잘 가르치는 것은 아니다.

원어민 강사는 기초를 쌓은 후의 스파링 상대로 활용하는 것이 가장 좋다. 원어민 강사에게 배워야 할 것과 한국인 강사에게 배워야 할 내용이 다르다. 원어민 강사가 필요한 이유는 ❶ 나의 발음을 원어민이 이해할 수 있는지를 확인하고 ❷ 그들로부터 올바른 발음을 배우며 ❸ 그들로부터 다양한 표현방식을 배우기 위해서다. 하지만 초급자들에게는 아직은 불필요한 내용이다.

따라서 처음부터 원어민을 고집할 필요가 없다. 원어민 강사가 초급자들에게 도와줄 수 있는 게 특별히 없기 때문이다. 초급자도 그에게 할 수 있는 말이 딱히 없어서 서로 불편하다. 이 단계에서 초급자에게 필요한 것은 영어의 소리와 문장 구조에 익숙해지고, 하고 싶은 말을 영어로 전환하여 말하는 연습이다.

어학연수

어학연수도 마찬가지다. 외국에 나가면 영어가 저절로 금방 늘 거라는 발상은 매우 위험하다. 너무 흔한 고정관념이다. '다른 건 몰라도 외국에 있으니 영어 하나는 잘하겠지'라는 생각에서 시작하지만 미국에 아무리 오래 거주한다고 해도 무조건 영어가 튀어 나오는 건 아니다. 외국인과 종일 같이 있다고 자기도 모르게 영어실력이 일취월장하는 것도 아니다. 실제로 영어권 국가에 살면서도 영어 때문에 고민인 사람들이 굉장히 많다. 수년간 어학연수를 했어도 같은 나이의 한국 학생들과 실력이 비슷한 경우도 많다. 분명한 건 고통을 감수하며 공부를 해야 한다는 것이다. 아무런 준비와 노력 없이는 외국에서도 안 된다. 집에서 새는 바가지 밖에서도 샌다. 한국에서 펑펑 놀다가 외국 나갔다고 갑자기 영어 천재가 될 리 없다.

미국의 어학원이라고 해서 새로운 것을 가르쳐주지 않는다. 한국과 마찬가지로 독해, 작문, 문법 등을 가르쳐준다. 그리고 한국 사람들만을 위한 특별 프로그램은 없다. 최악의 경우에는 우리나라에서도 얼마든지 들을 수 있는 내용을 배우게 된다. 이것은 사전에 확인할 수 없고 현지에 도착해서야 알 수 있기 때문에 복불복이 된다. 그러면 왜 비싼 돈 내고 미국까지 왔나 하는 자괴감마저 든다. 그리고 어차피 어학원 수업이 끝난 이후에는 스스로 공부해야 한다. 누가 떠먹여주지 않는다. 그러다보니 한국에 두고 온 문법책이나 교재를 보내 달라고 집에 전화를 걸기도 한다. 결국 한국에서 공부하는 것과 동일해진다. 학원 가고 저녁 먹고 숙제하고 혼자 문법책과 씨름한다. 미국까지 가서 이러고 있다. 그리고 잊지 말아야 할 한 가지 사실이 있다. 어학연수를 가면 미국인들과 공부하는 것이 아니라 영어를 못하는 전 세계 사람들과 같이 공부한다는 점이다. 옆자리에는 중국인 또는 일본인, 태국인들이 앉아 있을 것이다.

저녁이 되면 한국 학생들끼리 어울려 다니며 한국말을 사용한다. 한국 학생들끼리 어울리다보니 한국어 실력은 점점 늘어난다. 미국에서 한국어 어학연수를 받는 셈이다. 여기서 멈추면 다행이다. 미국의 나쁜 문화에도 물들 수 있다. 아무도 나를 모르는 타지에 있으니 두려울 게 없다. 그래서 가급적 한국 사람이 없는 곳으로 가야 된다고 하지만 이미 한국 사람이 없는 곳은 없다.

돈은 돈대로, 시간은 시간대로 낭비한다. 몸도 타지에서 고생한다. 마음이 편할 리 없다. 물론 영어 실력이 늘어나기는 한다. 그렇다고 해도 전문적인 수준까지 오르는 건 아니다. 음식점에서 음식을 주문하거나 길을 물어보는 등의 평범한 대화들을 익힐 뿐이다. 그런데 이런 종류의 회화나 하자고 수천만 원을 들여 어학연수를 가는 것은 경제적으로 비합리적이다. 이 정도의 영어는 한국에서만 공부해도 몇 개월 만에 충분히 할 수 있다. 초급자가 1년에 수천만 원씩 들일 필요는 없다. 어학연수의 1%도 안 되는 비용으로 얼마든지 마음 편하게 배울 수 있는 게 초급 영어다. 어떤 사람은 국내에서만 영어공부를 해서 동시통역사가 되기도 한다. 영어 하나 배우자고 어렵게 번 돈을 다 날려버리기에는 너무 아깝다. 해외 어학연수로 매년 5조 원의 비용이 외국으로 유출된다고 한다. 한국 학생이 없으면 어학원 운영이 안 될 수도 있다고 한다. 신중함이 필요하다.

영어권 국가로의 유학 역시 성공률이 낮다. '한인 명문대생 연구'라는 논문에 따르면, 미국의 아이비리그 유학생 중 한국 학생의 탈락률이 44%로 가장 높다고 한다. 어려운 전공일수록 그 수치는 더 높아진다. 특히 아이 하나만 달랑 보내는 것은 더욱 위험하다. 아이들은 부모와 함께 생활하면서 올바른 가치관을 형성해야 하고 부모 자식 간의 정서적 유대관계를 돈독히 해야 한다. 이것이 바로 가정교육이다. 하지만 영어 하나만을 위해서 아이의 성장에 중요한 요소를 포기한 채 외국으로 보내는 것은 매우 위험하다. 영어를 잘하게 될지는 몰라도 사람으로서 필요한 것들은 놓치게 된다.

학원과 어학연수는 그동안 배운 것을 연습하고 싶을 때 가자

학원과 외국에 가면 영어가 저절로 되겠지라는 생각은 금물이다. 실력이 급성장하는 터닝포인트에 도달하기 전에는 본인이 스스로 연습해야만 한다. 그리고 이 포인트를 넘어서 혼자 능동적으로 말할 수 있을 때, 다른 사람들과 표현 연습을 하는 것이 가장 경제적이고 효율적인 영어 학습 방법이다. 학원과 외국은 연습하는 곳이지 기본 실력을 쌓는 곳이 아니다. 초보자일수록 더더욱 그렇다.

내가 생각하는 가장 이상적인 학원과 어학연수는 이렇다.

"이 둘은 영어를 배우러 가는 곳이 아니라 그동안 배운 것을 써먹으러 가는 곳이다."

따라서 멀리 갈 필요 없이 집에서 혼자 단기간 동안 기초를 쌓는다. 그래서 영어 말하기가 되면 학원에서 실전 연습을 한다. 그리고 나서 좀 더 깊이 있고 외국 문화를 체험하는 차원에서 2~3개월 정도의 단기 어학연수를 떠난다.

참고로, 한국에서만 공부해서 영어를 잘해야 하는 큰 이유가 하나 있다. 이 사실 자체만으로도 본인의 이력에 큰 도움이 되기 때문이다. 얼마나 성실하고 부지런한 사람인지 단적으로 보여주는 증거가 된다. 험난한 취업시장에서 다른 사람들과의 큰 차별점을 만들어 주는 가장 강력한 스펙이 될 것이다. 나도 영어 때문에 취업한 것이나 다름없다.

인공지능이 있는데
영어공부를 왜 해야 돼?

  파파고, 구글 번역, 픽셀버드……

  영어나 외국어 학습에 관심이 없는 사람들도 한 번쯤 들어봤을 이름들이다. 이 3가지 프로그램들은 인공지능을 이용한 통번역 프로그램들이다. 파파고는 국내의 N사가 개발했고, 나머지 둘은 이름 그대로 G사가 개발했다.

  4차 산업 혁명시대에 접어들면서 가장 부각되고 있는 기술 중의 하나가 바로 인공지능(Artificial Intelligence)이다. 인공지능은 나날이 발달하고 있는 컴퓨터 기술을 이용하여 인간의 지능 대신에 컴퓨터가 일을 하도록 만드는 기술을 의미한다. 여기에는 인간의 학습, 추론, 사고 능력 등이 포함되기 때문에 반복되는 단순 작업만 하는 로봇과는 크게 구별된다.

인공지능은 사실 최근의 기술이 아니다. 외국에서는 2000년 이전부터 체스나 퀴즈 프로그램 등을 통해 널리 알려져 있었다. 인공지능이 전 세계적으로 큰 반향을 불러일으킨 것은 지난 2016년 3월 서울에서 열린 한국의 바둑기사 이세돌과 구글 딥마인드의 알파고 간의 바둑 대전 덕이다. 최고의 바둑 인공지능과 최고의 바둑기사 간의 대결이었기에 전 세계의 이목이 집중될 수밖에 없었다. 그때까지만 해도 사람들은 경우의 수가 무궁무진한 바둑에서는 '감'이 중요하기 때문에 직관력이 떨어지는 기계가 인간을 이기는 것은 불가능하다고 생각했다. 대국 당사자인 이세돌 9단 역시도 "4대1 또는 5대0으로 이길 것"이라고 자신만만했다.

하지만 이세돌 9단이 1대4로 패배하는 모습이 전 세계에 생중계되면서 사람들은 충격과 혼란에 빠졌다. 어떤 프로기사는 이 상황을 "하늘이 무너지는 느낌"이라고 표현하기도 했다. 그리고 인공지능에 대한 이 충격은 미래 세상에서의 인간의 존재감에 대해서도 많은 두려움과 공포를 야기했다. 가장 와닿는 두려움은 일자리에 대한 인공지능의 대체일 것이다. 더 나아가서는 인공지능과 인간 사이의 전쟁도 있다.

아무튼 이 사건 이후 인공지능은 바둑계뿐 아니라 산업 전반적으로 빠르게 확산되었다. 전 세계의 기업들은 앞 다투어 천문학적인 금액을 투자해가며 인공지능을 개발하고 있다. 동시에 인공지능을 이용한 다양한 서비스도 준비하고 있다. 머지않아 인공지능은 우리의 삶에 깊숙이 자리 잡을 것이며, 인공지능에 대한 인간의 의존도도 더욱 심화될 것으로 예상한다.

인간의 언어 능력에 대한 컴퓨터의 도전 또한 계속해서 이어지고 있다. 바로 인공지능을 이용한 통/번역 프로그램이다. 우리나라에는 국내 최대 인터넷 기업인 N사가 제작한 파파고가 있다. 회사에서 자체 개발한 인공지능 신경망을 기반으로 하여, 인공지능이 스스로 학습하고 번역하는 통/번역 서비스를 제공한다. 그래서 기존에 단순히 단어만을 번역하던 차원을 벗어나 문장 전체의 의미를 파악한 후에 어순과 문맥 차이 등을 스스로 반영하여 번역할 수 있다고 홍보한다. 파파고는 현재 영어, 일본어, 중국어, 스페인어, 프랑스어, 한국어 등 총 10가지 언어에 대하여 최대 5000자 분량에 대한 통/번역 서비스를 제공하고 있다. 이미 한국어서는 다운로드 건수가 2013년도 1월 기준으로 1천만 건을 돌파했다.

전 세계적으로 많이 사용하는 통번역 프로그램은 구글 번역이다. 영어로는 "Google Translate"이다. 2007년도에 처음 시작된 이 서비스는 자사의 독자적인 번역 엔진을 이용하고 있으며, 2016년 후반부터는 인공지능을 이용한 '구글 신경망 기계 번역' 서비스를 도입했다. 또한 정확한 번역을 위해 입력된 데이터를 꾸준히 학습하는 딥러닝도 장착되었다. 최근에는 103가지의 언어에 대해서도 통/번역이 가능하며, 사진 속에 있는 글자들은 37개 언어에서 번역이 가능하다고 한다. 또한 카메라만 갖다 대도 바로 번역하는 '워드 렌즈'라는 기술은 29개 언어의 번역을 지원한다고 한다.

한편 구글은 이 인공지능 통역 기능을 탑재한 '픽셀버드'라는 이어폰도 출시했다. 인공지능 기술과 음성 인식 기술을 응용한 '픽셀버드'는 마이크 등의 별도 기기가 없다. 보청기처럼 귀에만 꽂으면 상대방의 언어를 통역해서 들을 수 있고, 또 내 말도 상대방의 언어로 전달해주는 실시간 통역 기기이다. 현재 40종의 언어에 대해 서비스가 가능하다고 한다.

여기까지 읽은 사람이라면 속으로 이미 결론을 내렸을 것이다.

"앞으로 영어공부 안 해도 되겠네."

과연 그럴까. 인공지능이 있기에 우리는 더 이상 영어 그리고 다른 외국어를 공부할 필요가 없는 것일까. 이 질문은 그동안 인공지능 번역이 발전하는 초기부터 제기되었다. 막대한 비용과 시간이 소요되는 외국어 학습의 고통으로부터 사람을 해방시켜 줄 수 있는 유일한 대안이기 때문이다. 실제로 2018년도의 설문조사에서 사람들은 인공지능의 기능 중에서 외국어 번역을 가장 많이 이용할 것으로 답변했다.

위의 질문에 대한 해답은 현재 구글 번역을 개발하고 있는 사람에게 직접 물어보는 것이 가장 확실할 것이다. 2006년부터 구글 번역 서비스를 주도하고 있는 마이크 슈스터 구글 번역 총괄 연구원은 한국의 '이코노미조선'과의 인터뷰에서 여기에 대해 매우 명확히 답변했다.

"그건 아니다. 언어 구사는 인간만이 가능한 심오한 영역이다. 인공지능 기술이 아무리 발전해도 인간의 통/번역을 완전히 대체하는 시점은 어쩌면 오지 않을 수도 있다. 인류는 미래에도 계속 언어를 학습하게 될 것이다. 상황에 따라 달라지는 언어의 의미와 표정, 제스처, 문화적 차이 등을 인공지능이 학습하는 것은 쉽지 않다. 언어는 단순히 도구가 아닌 소통을 완성시키는 것이다."

번역 분야에서는 인공지능이 인간을 뛰어넘을 수 없다는 의미다. 이에 대해서는 여러 가지 이유를 들 수 있다.

첫째, 정확도가 매우 낮다.

가장 큰 이유 중 하나다. 언론 보도와 달리 정확성이 떨어진다. 써본 사람이라면 안다. 단순한 번역조차도 오류가 많다. 특히 세밀한 표현일수록 그 정도는 심하다. 정 궁금하면 지금 바로 다운받아서 체험해 보면 된다. 인공지능을 이용하기 시작한 이후에서야 정확도가 30%에서 60%로 올랐다고 하는데 언론의 과장을 생각한다면, 실지 정확도는 훨씬 낮을 것으로 보인다.

2017년도 2월 국제통번역협회의 주관으로 통역대학원 출신의 인간 번역사들과 '파파고', '구글 번역' 등의 인공지능 번역기 사이에 대결이 펼쳐졌다. 결과는 인간 번역사들의 압도적인 승리였다. 통번역은 인간의 고유한 영역임을 확인하는 순간이었다. 특히 이 대결에서 인공지능의 발목을 잡은 것은 문학적이고 비유적인 표현들이었는데 인공지능은 이 부분에서 화자의 의도나 뉘앙스를 정확히 파악하지 못했다고 한다.

나는 이미 오래 전부터 인공지능 통번역을 사용해오고 있기 때문에 이러한 문제점을 매우 잘 알고 있다. 그래서 누구보다도 더 인공지능 통번역의 미래에 대해 회의적이다. 실례로, 외국 친구들이 나를 깜짝 놀라게 하려고 간혹 한글로 메시지를 보내주기도 한다. 하지만 오히려 번역이 이상해서 의미 파악이 안 되는 경우가 훨씬 많다. 그래서 영어로 무슨 뜻이냐고 되물어야만 하는 경우가 부지기수이다.

이런 상황은 어순이 같다는 중국어와 영어 간의 번역에서도 자주 발생한다. 나는 중국 친구들과 메시지를 주고받을 때 가끔씩 모르는 한

자가 나오면 인공지능 번역을 사용한다. 이때 '중국어⇒한글 번역'보다는 주로 '중국어⇒영어 번역'을 이용한다. 한글보다는 영어 사용량이 훨씬 많기 때문에 '중국어⇒영어 번역'에 대한 딥러닝 학습효과가 더 크다고 생각하기 때문이다. 하지만 어순이 같은 언어임에도 불구하고 번역의 정확도는 여전히 매우 낮다.

영어를 중국어로 번역할 때도 마찬가지다. 원하는 중국어 문장을 한 번에 얻는 경우는 굉장히 드물다. 그래서 보통은 영어로 두세 문장을 번역해서 얻은 중국어 문장들을 조합해야만 내가 원하는 하나의 중국어 문장을 만들 수 있다. 예전에 한 중국인 친구에게 이 방법을 보여줬더니 입을 벌리고 감탄한 적도 있었다.

더 큰 문제는 사람은 항상 문법적으로 올바른 문장만 말하지 않는다는 점이다.

사람들이 말하는 것을 가만히 듣다보면 문법적으로 틀린 문장이 의외로 굉장히 많다는 것을 쉽게 알 수 있다. 게다가 발음 또한 천차만별이다. 틀린 발음은 물론이고 사투리도 자주 들을 수 있다. 그래도 사람은 상대방의 의미를 파악하는 데 전혀 어려움을 못 느낀다. 왜냐하면 사람은 상황과 문맥 또는 말하는 사람의 표정과 제스처 등을 통해 종합적으로 말의 의미를 판단하기 때문이다.

하지만 인공지능은 문법적으로 틀린 문장을 제대로 인식하지 못할 뿐더러 말 이외의 요소로는 판단을 아예 할 수가 없다. 그래서 이런 경우에는 사람처럼 정확한 인식이 불가능하다.

둘째, 의미는 전달할 수 있으나 감정은 전달하지 못한다.

　언어는 단순한 의미 전달의 기능만 있는 것이 아니다. 인공지능이 아무리 발달했더라도 사람의 감정을 완벽하게 파악해서 전달할 수는 없다. 이것은 인공지능의 한계다. 사람은 말에 본인의 감정을 담아서 표현한다. 이를 위해 때로는 역설적이거나 반어적인 표현을 사용한다. 예를 들어서, 다른 사람의 일처리가 마음에 들지 않을 때 우리는 "잘했네"라는 반어적 표현도 사용할 수 있다. 하지만 인공지능은 이 "잘했네"라는 문장에 숨은 뜻과 감정을 파악할 수 없다. 그래서 이것을 "너의 일처리가 마음에 들지 않아"라고 의역해 주지는 않는다. 말하는 사람의 감정은 완전히 배제한 채, 단순히 주어진 문장의 의미 그대로 "Good job", "Well done"이라고 번역할 뿐이다.

　한편, 사람의 감정은 목소리를 통해서 더욱 완전하게 표현된다. 하지만 인공지능이 사람의 목소리를 들었을 때 그 안에 담겨진 감정을 파악할 정도로 발달할지는 의문이다. 음성인식 기술도 많이 발달했다고 해도 여전히 갈 길은 멀다. 아직 소리의 의미 파악도 제대로 못하고 있는 실정인데 소리 안에 담긴 감정 파악까지 하는 것은 어쩌면 영원히 불가능할 수도 있다. 인공지능이 말로 표현할 때도 동일하다. 인공지능의 의미 전달이 아무리 완벽하다 해도(완벽할 리도 없지만), 기계음이 사람의 목소리처럼 풍부하게 감정을 담아서 표현할 수는 없다. 상상 속이나 영화에서나 가능한 일이다. 결론적으로 인공지능을 이용한 대화는 사람의 목소리처럼 감정을 완전하게 전달할 수 없다.

셋째, 사람은 직접 말을 하고 싶어 한다.

마지막으로 가장 결정적인 이유는 사람은 말을 하며 표현하는 동물이라는 것이다. 직접 소리 내어 말을 하고 상대방의 말소리를 들으며 의사소통을 하는 것은 아무리 기술이 발달해도 인류가 존재하는 한 사라지지 않을 것이다. 진심으로 사랑하는 외국 애인에게 통번역기를 통해 '사랑한다'고 속삭이고 싶은 사람은 없을 것이다. 본인이 직접 소리를 내어 표현하는 것은 통번역기와는 차원이 다르고 더 큰 의미가 있다. 기계를 통해 대화는 할 수 있겠지만 사람의 목소리를 통한 감정의 교류에 비하면 아무것도 아니다. 직접 소리를 내며 대화를 하면 서로의 교감은 더욱 커진다. 따라서 깊은 유대 관계일수록 직접 목소리를 교환하며 대화해야 한다.

그리고 사람 사이의 직접적인 대화가 아니라 통번역기를 한 단계 더 거치다보니 번거로움이 필연적으로 존재한다. 이 불편함 때문에 사람 스스로가 인공지능 통역을 거부할 수도 있다. 좋은 기술이라고 해서 사람들이 무조건 다 사용하지는 않는다. 사람은 본인에게 익숙하고 편리한 것을 추구하는 습성이 있다. 실제로 고도화된 기술의 발달로 인해 생활이 매우 편리해진 것은 사실이지만 번거롭고 귀찮거나 혹은 또 다른 이유에 의해 대중화가 안 되는 기술도 의외로 많다. 대표적인 예가 전자책이다. 여전히 사람들은 종이책으로 독서하기를 선호한다.

사람 간의 커뮤니케이션에서 언어가 차지하는 비율은 고작 20%밖에 안 된다는 연구결과가 있다. 이에 따르면 말하는 사람의 표정, 목소리, 억양, 몸짓, 자세가 나머지 80%를 차지한다고 한다. 인공지능이 과연 나머지 80%를 인식할 수 있을까. 따라서 인공지능 대문에 영어나 다른 외국어를 안 배워도 된다는 의견은 어불성설이다. 영어/외국어 공부를 안 하려는 핑계에 불과하다. 구글 번역을 개발하고 있는 마이크 슈스터의 말을 다시 한 번 인용하며 마무리하겠다.

"인류는 미래에도 여젼히 외국어를 학습할 것이다."

미국 아기처럼 영어를 습득하는 <따라 말하기>의 기적
오늘부터 딱 90일만 영어 베이비

지은이 | 양선호
펴낸곳 | 북포스
펴낸이 | 방현철
편집자 | 권병두
디자인 | 엔드디자인

1판 1쇄 찍은날 | 2018년 6월 22일
1판 2쇄 펴낸날 | 2025년 7월 15일

출판등록 | 2004년 02월 03일 제313-00026호
주소 | 서울시 영등포구 양평동5가 18 우림라이온스밸리 B동 512호
전화 | (02)337-9888
팩스 | (02)337-6665
전자우편 | bhcbang@hanmail.net

이 도서의 국립중앙도서관 출판시도서목록(CIP)은 e-CIP 홈페이지(http://www.nl.go.kr/ecip)와 국가자료공동목록시스템(http://www.nl.go.kr/kolisnet)에서 이용하실 수 있습니다.
(CIP제어번호: 2018016686)

ISBN 979-11-5815-029-7 03190
값 14,000원